# 생각의 중심

# 생각의 중심

**초판 1쇄 발행** 2016년 12월 25일

**지은이** 윤정대 · **발행인** 권선복 · **편집** 김정웅 · **디자인** 김소영 · **전자책** 천훈민
**마케팅** 권보송 · **발행처** 도서출판 행복에너지 · **출판등록** 제315-2013-000001호
**주소** (157-010) 서울특별시 강서구 화곡로 232 · **전화** 0505-613-6133 · **팩스** 0303-0799-1560
**홈페이지** www.happybook.or.kr · **이메일** ksbdata@daum.net

값 14,000원

ISBN 979-11-5602-434-7 (03300)
Copyright ⓒ 윤정대, 2016

도서출판 행복에너지는 독자 여러분의 아이디어와 원고 투고를 기다립니다. 책으로 만들
기를 원하는 콘텐츠가 있으신 분은 이메일이나 홈페이지를 통해 간단한 기획서와 기획의
도, 연락처 등을 보내주십시오. 행복에너지의 문은 언제나 활짝 열려 있습니다.

# 생각의 중심

윤정대 지음

도서
출판 행복에너지

# 여름

# 가을

# 겨울

2016년
# 겨울

# 봄

# 여름

2015년

# 겨
# 울

# 새해의 다짐

　새해가 밝았다. 추운 겨울 중에 새로운 한 해가 시작되었다. 내 젊은 시절 한 해의 시작(始作)은 설렘보다는 늘 반성과 자책으로 출발했었다. 20대(代)의 일기장을 수많은 자책과 무거운 다짐과 각오들이 가득 채웠었다.

　가난한 젊음의 과도한 욕구와 좌절과 또 새롭게 일어나는 열망 때문일 것이다. 젊은 날의 열망은 눈(雪)처럼 순수하고 겨울 밤하늘의 별처럼 빛난다. 온몸으로 날고자 하는 새처럼 존재의 비상(飛上)에 사로잡혔다.

　세월이 흐르고 나이가 들고 중년이 되면서 새해를 맞는 일에 더 이상 열망이 존재하지 않게 됐다. 반성이나 자책, 각오가 봄눈 녹듯이 사라졌다. 일상이 모든 것에 앞서게 됐다. 가족을 부양하고 직장을 지탱하는 일이 무엇보다 중요해졌다.

한 해가 저물고 새로운 해가 오는 것은 한 해의 노고가 끝나고 새로운 노고가 시작되는 것에 불과하게 됐다.

그것도 나쁘지 않다. 노고의 대가로 가족들과의 따뜻한 시간을 가진다. 동료들이나 주변 사람들과 덕담을 나눈다. 송년과 신년의 시간들이 가볍고도 여유 있다. 그 시간들은 아기자기하고 사랑스럽다.

그러나 반복되는 해 바뀜 속에 때때로 회의가 든다. 삶이 하루하루 일상에서 맴도는 것 같다. 나는 어디로 가고 있는 걸까. 내년에 나는 어디에 서 있을까. 삶이 부유(浮遊)하고 정지하는 듯 느껴진다. 이럴 때 오히려 젊은 날의 열망과 반성과 자책과 다짐이 부럽다.

나이가 들면서 반성과 다짐이 사라지는 것은 삶이 일상의 부담에 매몰되기 때문일 것이다. 하루의 대부분이 일에 바쳐지고 그것은 한 달이나 일 년이 지나도 마찬가지다. 일상에 미래가 밀려난다. 이래서 반성과 다짐이 있기 어렵다.

반성과 다짐은 미래가 가능한 사람의 것이다. 앞으로 나가고자 하는 사람의 것이며 어제보다 더 나은 인간이 되고자 하는 사람의 것이다. 반성이 가능하려면 미래에 대한 새로운 생각과 과거에 대한 비판적인 사고가 있어야 한다. 일상이나 이해타산이 사고의 전부인 경우 나머지 것들에 대해서는 생각을 닫게 된다. 불필요하게 여겨지기 때문이다.

생각이 닫혀 있는 사람은 반성과 다짐이 불가능하다. 반성과 다짐은 사고가 열려 있는 사람의 것이다. 그 사람은 열망에 사로잡혀 있는 가난한 젊은이일 수도 있고 일상의 매몰―그것이 비록 안정과 여유를 준다고 하더라도―에서 벗어나고자 하는 중년일 수도 있다.

겨울은 반성과 다짐을 하기에 적절한 계절이다. 차가운 대기는 사고를 냉정하게 만들고 긴 겨울밤은 생각을 깊게 한다. 이 겨울 오늘 밤 그것이 눈 내리는 깊은 밤이면 더욱 좋을 것이다.

혼자 책상 앞에 앉아 지나온 한 해를 돌이켜본다. 가족과 내가 만난 사람들에 대해 생각해본다. 눈처럼 순수한 마음으로 지난 시간들을 헤아려본다. 진정으로 가치 있고 기쁜 일을 하였는지 자책해본다. 새로운 한 해를 어떤 마음가짐으로 어떻게 살아갈 것인지 스스로 다짐해본다.

한 해의 시작이 봄이 아니라 겨울인 것은 다짐이라는 단단한 의미가 있다. 이 겨울 한 해의 시작에 추위와 찬바람 속에 몸과 마음을 단단히 여미기 위해 선다. 동트는 새벽을 기다리며 새로운 다짐으로 새날을 맞는다.

# 예수의 재판

우리 사회는 갈등이 과격한 양상을 띤다. 경제적인 불평등, 양극화, 삶의 불안정성 등 현실적인 원인도 있겠지만 이런 것을 넘어서는 사람들도 과격한 행태를 보이므로 무엇보다 심리적인 불안이 갈등의 이면에 작용하는 것 같다. 해방과 전쟁, 혼란과 격변으로 점철된 현대사를 겪으면서 사회적 불안이 개인의 내적인 불안으로 깊숙하게 내면화된 것으로 생각한다.

불안한 마음은 권력과 돈에 집착하게 만든다. 그러나 돈이 많거나 지위가 높다고 해서 심리적인 안정을 누리는 것은 아니다. 오히려 돈과 권력을 많이 가질수록 이를 유지하거나 더하기 위해 애쓰게 된다. 의심이 많아지고 성격이 강퍅해져 수족(手足)은 늘어나나 친구는 없어진다. 재벌이나 권력자 대부분이 차가운 성격을 보이는 것은 이 때문이다. 돈이나 권력이 없는 사람도 불안하기는 마찬가지다. 여기에 피해의식까지 더한다. 돈과 권력을 가지고 있어도 불안하고 돈과 권력을 가지지 못해도 불안한 것이 우리 세대의 뒷모습이다.

불안한 마음은 자신의 통제에서 벗어나는 상황을 견디지 못한다. 사소한 것에도 제정신이 아닐 정도로 반응한다. 대한항공 회항사건에서 조양호 회장의 딸이면서 기내서비스 등 총괄부사장인 조현아 씨가 마카다미아 봉지 서비스에 보인 격한 반응도 이런 맥락에서 나온 것으로 보인다.

그런데 조 부사장 개인의 행위에서뿐만 아니라 이후의 여론과 사법조치 등 일련의 과정에서도 불안하고 감정적인 측면이 드러난다. 여론은 대한항공 회항사건에 과도하게 반응하고 검찰과 법원마저 그러한 여론을 따랐다. 이제 이 일과 관련하여 도대체 누가 이성적으로 행동했는지 알 수 없게 됐다.

특히 법원이 조 부사장의 회항지시 행위에 대해 구속에까지 이르게 한 것이 과연 올바른지 의문이다. 검찰과 마찬가지로 법원은 조 부사장의 행위가 항공보안법상 항공기항로변경죄나 직무집행방해죄에 해당하는 것으로 판단했지만 이 사건의 경우와 맞지 않다. 항공보안법상의 항공기 항로변경

14

을 처벌하는 것은 승객의 안전을 해치는 경우로 제한하는데 조 부사장의 회항지시에 따라 이륙 전에 20분 정도 항공기가 공항을 이동한 것을 두고 승객의 안전을 해치는 행위로 볼 수 없기 때문이다.

조 부사장이 기내에서 승무원을 폭행했다면 500만 원이하의 벌금형을 규정하고 있는 항공보안법 제50조 제2항 제3호에 해당할 것이다. 이를 마치 위험한 항로변경이나 승객의 안전을 해친 결과를 야기한 항공법상 기장 등의 직무집행방해죄로 판단하는 것은 무리다. 검찰이 구속영장을 청구했더라도 법원은 영장을 기각해서 사건을 진정시켰어야 했다. 그것이 갑질 비난여론에 따른 보복이 아니라 공평한 정의에 부합한다.

사람들은 간음하다 현장에서 붙잡힌 여인을 예수에게 데려왔다. 율법에 따라 돌로 쳐 죽이는 처벌을 요구했다. 예수는 몸을 굽혀 바닥에 무언가를 썼다. 그리고는 판결을 독촉하는 사람들에게 "너희 가운데 죄 없는 자가 있다면 저 여인에게 돌을 던져라."라고 대답했다. 나이 많은 사람부터 자신을 되돌아보고 그 자리를 떠났고 이어서 젊은 사람들도 떠났다. 마침내 여인만 남게 되자 예수는 여인에게 "나도 너를 단죄하지 않는다. 가거라. 그리고 이제부터 다시는 죄짓지 마라."고 말했다.

여론과 검찰의 수사, 법원의 처분이 재벌 회장의 딸인 부사장이 항공기 내에서 승무원을 폭행하고 비행기에서 내리게 한 이른바 갑질에 초점이 맞춰져 있다. 그러나 대한항공 부사장이나 기장이 승객들의 불편을 도외시한 점이 더 중요한 문제이다. 대한항공은 승무원에 대한 사과에 앞서 승객들의 불편에 대해 사과를 하고 향후 다시는 이런 일을 반복하지 않도록 해야 한다. 더불어 우리도 간음한 여인을 둘러싼 사람들처럼 이 기회에 우리 자신을 돌아보아야 하지 않을까.

# 『땅과 정의』

　작년 11월 말쯤 경북대학교 법대 은사이신 김윤상 교수님의 석좌교수 취임을 축하하는 조촐한 행사에 참석했다. 김 교수님의 오송장학기금 쾌척을 기념하는 자리이기도 했다. 오랜만에 뵈었지만 교수님은 젊은 시절의 형형한 모습을 잃지 않으셨고 이날 품안에서 하모니카를 꺼내 연주하는 모습도 감동적이었다.

　교수님은 행정학과 교수로 재직하셨다. 나는 법학과를 다녀 교수님으로부터 직접 배울 기회는 없었지만 법대 건물에서 교수님을 뵙기도 하고 행정학과 친구들로부터 교수님에 대한 평판을 듣기도 했다. 되돌아보면 그 무렵 교수님은 막 대학교수로서 발을 내딛는 때였던 것 같다. 교수님은 열정을 가지고 강의를 하셨고 제자들을 아꼈다. 많은 학생들이 교수님의 학문에 대한 열정과 실력을 존경하고 따랐던 것으로 기억한다.

이날 행사장에서 교수님은 저서인 『땅과 정의』에 서명을 해주셨다. 교수님의 지공주의(地公主義) 이론에 관해 들은 바가 있어 집으로 돌아오자마자 책을 폈다.

지공주의는 땅은 공적(公的)인 것이라는 사상이다. 사람이 스스로 만들거나 기여한 생산물에 대하여는 이를 사적으로 소유할 수 있으나, 자연에 의해 주어진 토지나 자연환경 등은 사적으로 소유할 수 없다는 것이다. 미국의 정치경제학자 헨리 조지의 이론에 근거를 두기도 하지만 사실 땅에 대한 공적 소유 내지는 평등한 소유를 주장하는 사상은 땅의 불평등한 소유관계만큼이나 오래되었다고 할 것이다.

땅은 역사적으로 그 소유관계가 언제나 불평등했다. 오랜 왕조시대를 거친 우리나라의 경우도 마찬가지다. 조선시대를 연 정도전은 고려 말의 토지소유 관계에 대해 "부자의 밭이랑은 끝없이 이어지지만 가난한 이는 송곳 꽂을 땅도 없다."고 개탄했다.

조선 초의 토지개혁에도 불구하고 토지소유의 불평등은 해소되지 않았고 조선 후기에 이르러 더욱 심화됐다. 이러한 조선의 토지소유 관계의 불평등은 일제 식민시대를 거쳐 현재에 이르기까지 그대로 남거나 누적적으로 악화되어 왔다. 실제 행정자치부의 통계 자료는 놀랍게도 우리나라 총인구의 상위 1%가 전체 개인 토지 면적의 절반 이상, 상위 5%가 80% 이상을 소유하고 있다고 밝힌다.

이런 땅의 불평등한 소유에 대해 도대체 저 산과 들과 땅이 왜 특정한 사람의 소유가 되어야 하는가, 언제부터 누구의 소유였으며 어떻게 누구의 소유가 되었는가라는 의문이 드는 것은 당연하다. 미국 영화 '파 앤드 어웨이'에서 말이나 마차를 달려 주인 없는 땅에 먼저 깃발을 꽂아 땅을 차지한 것처럼 무주물(無主物)인 땅을 선점(先占)한 것이 토지 소유권의 기원이라면 왜 그와 같은 토지소유권을 절대적인 것으로 인정해야 하는가. 왜 선점자의 소유권이 자손에게 영구히 넘어가야 하는가.

특권과 불로소득이 없는 세상을 꿈꾸며 토지사유제와 서울중심주의, 학벌주의를 비판하고 몸소 실천해온 교수님은 이 나라 토지소유의 편중과 그로 인한 불로소득을 가장 중요한 불평등의 근원적인 원인으로 인식한다.

교수님은 땅 소유의 불평등에 대한 현실적인 해결책으로 국가가 부동산 가운데 적어도 토지로 인한 불로소득을 제도적으로 환수할 것을 주장한다. 더하여 정부의 고위 공직에 취임하는 자는 현재 소유하고 있는 부동산에 대해서는 주식의 백지신탁과 마찬가지로 부동산 백지신탁을 할 것을 제안한다. 전적으로 공감한다.

# 참을 수 없는 정치의 시시함

최근 새누리당 김무성 대표는 2015년 당 대표 신년기자회견문이 언론의 조명도 받지 못한 채 실종된 사실을 무척 안타깝다고 털어놓았다. 자신의 수첩 메모를 둘러싼 논란에 김 대표 자신의 신년기자회견문이 국민들에게 제대로 전달되지 못했다는 것이다.

김 대표의 신년기자회견문에는 '우리 경제는 일본을 벤치마킹해서 일본의 경제구조와 닮았다. 지금 대한민국의 경제지표가 바로 1990년대 일본식 장기불황의 조짐을 보인다. 특히 국가부채가 급격하게 증가하고 있다. 우리는 경제를 살리기 위해서는 일본을 반면교사(反面教師) 삼아 구조 개혁을 과감하고 신속하게 추진해야 한다'는 취지의 내용이 담겨 있었다.

김 대표는 신년기자회견문에서 특히 우리 경제에 대한 분석과 대책을 강조했지만 언론의 관심을 받지 못하니 아쉬운 마음이었을 것이다. 그러나 정작 더 아쉬운 것은 청와대와 김 대표를 포함한 새누리당의 '수첩 메모 사건'에서 드러난 행태이다.

새누리당 전 비상대책위원이었던 이준석 씨는 지난해 12월 중순경, 당시 청와대 홍보기획실 행정관인 음종환, 대통령직속청년위원장인 신용한, 그 위원인 손수조 씨 등이 가진 술자리에 자정 가까운 시간에 끼어들었다. 이 씨는 그 자리에서 음 행정관으로부터 "문건 파동 배후는 K, Y. 내가 꼭 밝힌다. 두고 봐라. 곧 발표가 있을 것."이란 이야기를 들었고 국회의원 결혼식 피로연 자리에서 만난 김 대표에게 자신이 들은 이야기라면서 위 내용을 전했다. 김 대표는 자신을 문건 파동의 배후로 지목하는 말이 하도 황당해서 수첩에 적어놓았다고 한다. 그런데 의도적인지 의도적이 아닌지 알 수 없지만 이 내용이 적힌 김 대표의 수첩이 국회본회의장에 있던 기자의 카메라에 노출돼 보도되면서 논란을 불러일으켰다.

음 행정관은 자신은 배후를 지목한 사실이 없는데도 이준석 씨가 술자리에서의 말을 왜곡해서 김 대표에게 고자질했다며 항변했다. 그런데도 음 행정관은 청와대에 사표를 제출했고 청와대는 대변인을 통해 음 행정관을 곧 면직처리할 예정임을 밝혔다.

문건 파동은 청와대 공직기강비서실에서 작성한 보고서가 외부로 유출된 사건을 말한다. 보고서에는 박근혜 대통령이 새누리당 대표 시절 비서실장이었던 정윤회 씨가 아무런 공식적인 청와대 직책을 가지고 있지 않음에도 불구하고 이른바 '십상시(十常侍)'라는 청와대 안팎 인사들과 주기적으로 만나 청와대 비서실장인 김기춘의 해임 등의 사안을 논의하는 등 국정 사안을 다루었다는 내용이 담겨 있었다. 언론과 야당은 청와대가 비선실세에 의해 운영되고 있는 것 아니냐는 의혹을 제기한 반면 청와대는 문건 내용이 찌라시 수준의 정보를 모은 것에 불과하다며 오히려 유출 경위를 문제 삼았었다.

민주국가에서 공적 행위와 사적 행위는 구분되어야 한다. 공적인 행위는 권한과 책임이 요구되지만 사적인 행위는 그렇지 않다. 민주국가에서의 정치는 투명하고 공개적인 제도나 절차에 바탕을 둔 공적인 행위이다. 측근정치나 야합정치, 공작정치, 밀실정치가 배척되는 이유이다.

그런데 문건 파동이나 수첩 논란을 보면 청와대와 새누리당의 행태는, 정치를 측근들의 사적 모임이나 술자리 잡담 수준으로 떨어뜨리고 있는 것이 아닌가 하는 생각이 든다. 청와대 측근들이 식당에서 모여 비서실장의 해임을 모의했다는 내용의 보고서가 작성되는 청와대나 그 보고서 유출에 관한 술자리의 이야기를 전달하는 여당 인사나 이를 듣고 수첩에 기재한 여당 대표나 정치를 사적인 것으로 만드는 것은 마찬가지이다.

새누리당이나 청와대가 자기들끼리 모여 밥을 먹거나 술을 마시며 무책임하게 떠드는 자리에서 무슨 창조경제나 청년정책이 만들어지겠는가. 기껏해야 그들이 보여준 것과 같이 중요한 것은 팽개치고 사람을 헐뜯고 야합하고 시끄러운 뒤끝만 생길까 걱정스럽다.

# 종교와 테러

『이기적 유전자』라는 책으로 유명한 영국 옥스포드대 석좌교수인 리처드 도킨슨은 기독교든 이슬람교든 종교에 반대한다. 모든 종교는 궁극적으로 근본주의와 절대론을 지향하므로 해롭다는 것이다.

근본주의나 절대론은 절대적인 믿음을 강조하고 의문을 배척한다. 의문을 품지 않은 신앙이 미덕이 되면 어떠한 의문도 품지 않은 채 자신의 종교를 위해서는 맹목적인 행동조차 저지르게 된다고 주장한다. 신앙을 위한 행동이라는 미명하에 수많은 젊은이들이 무고한 사람들을 해치는 테러에 가담하고 심지어 자살테러까지 감행하는 현실을 증거로 든다.

종교는 왜 존재하는 것일까. 종교의 뿌리는 무엇일까. 도킨슨의 책『만들어진 신』에는 종교는 신의 존재를 내세우지만 사실 집단선택의 결과에 불과하다는 집단선택이론이 제시되어 있다. 종교가 집단에 대한 충성심과 형제애를 고취시키고 결속을 강화하여 다른 집단과 싸울 때 유용하므로 종교가 존재한다는 것이다. 도킨슨은 집단선택이론을 지지하지는 않지만 실제 집단 간의 투쟁에 있어서 종교가 내부 결속을 다지고 상대방을 공격하는 도구로 사용돼 왔던 과거와 현재에 비춰볼 때 설득력이 있다.

이슬람 테러조직인 알 카에다나 IS는 그들의 싸움에 늘 알라를 외친다. 그러나 실상은 신을 위한 싸움이 아니라 그들의 현세의 생존과 이익을 위한 싸움이다. 알 카에다나 IS는 종교를 전면에 내세워 절대적인 신앙과 절대적인 복종으로 무장한다. 그들은 종교를 위한, 종교를 앞세운 전쟁 곧 성전(聖戰)을 선언한다. 그들의 전쟁은 공격 목표를 가리지 않는다. 대상을 군인으로 제한하지 않는다. 그들의 전쟁이 테러가 되는 이유이다.

테러는 자신들의 목적을 달성하기 위해 무고한 사람을 수단으로 삼는다. 전쟁도 무고한 사람들을 희생하는 결과를 낳지만 무고한 사람들을 공격의 목표로 삼지 않는다. 전쟁에 관한 국제법은 무고한 사람들을 공격할 경우 전쟁범죄로 간주한다.

IS가 최근 인질로 삼은 일본인 두 사람도 무고한 시민이다. 두 명 가운데 고토 겐지 씨는 아프리카와 중동 등 분쟁 지역을 취재해온 프리랜서 언론인으로 아내는 현재 임신 중인 것으로 알려져 있다. 유카와 하루나 씨가 IS에 의해 억류되자 그는 시리아에서 함께 지낸 적이 있는 유카와 씨를 구하기 위해 시리아로 들어갔다가 IS에 붙잡혔다고 한다.

IS는 인질들의 석방 대가로 일본 정부에 몸값 2억 달러를 요구했다. 일본 정부가 이에 응하지 않자 IS는 유카와 씨를 살해했다. 고토 씨는 IS가 제공한 영상물에 나와 처참한 표정으로 유카와 씨의 참수 소식과 IS의 요구를 전했다. IS는 몸값 대신 요르단 정부가 수감하고 있는 여성 테러범 사지다 알 리샤위를 남은 인질인 고토 씨와 교환할 것을 제안했다. 일본뿐만이 아니라 다른 나라들에서도 고토 씨를 석방하라는 여론이 일고 있다.

알 카에다나 IS의 테러행위는 성전이라는 이름으로 정당화될 수 없다. 아랍의 생존권을 위해서도 테러행위 자체를 합리화할 수 없다. 그것은 명백하게 공개적인 살인행위이다. 인간의 극단적인 종교가 낳은, 종교를 빙자한, 종교라는 미명하에 이루어진 끔찍한 범죄행위이다. 고토 씨가 살아서 돌아오기를 기원한다.

# 용서

나는 신문이나 방송을 반드시 챙겨 보거나 듣지는 않는다. 인터넷도 마찬가지다. 그렇게 해야 할 필요도 없고 그렇게 하고 싶지도 않다. 변호사로서 소송을 통해 삶의 이면을 들여다보는 것으로도 충분한 데다가 때로는 세상사로부터 벗어나고 싶기 때문이기도 하다. 지난 며칠간 그렇게 지낸 탓에 산책 중 아내로부터 '크림빵 아빠 뺑소니 사건'에 대해 처음 들었다.

이미 널리 알려진 바와 같이 임신한 아내를 위해 크림빵을 사서 집으로 가던 남편이 뺑소니차에 치여 숨졌다. 경찰의 수사가 지지부진하자 네티즌들이 나섰다. 한 네티즌의 제보로 뺑소니 차량의 윤곽이 드러나자 심리적 압박을 느낀 가해자는 자수했다. 피해자의 아버지는 가해자를 찾아가 자수를 했다니 용서하겠다는 의사를 밝혔다.

그런데 가해자는 경찰에서 조사를 받으면서 사고 당시 사람이 아니라 조형물이나 자루를 친 줄 알았다고 진술했다. 아내가 전하고자 하는 요지는 다음 말에 있었다. 피해자의 아버지는 가해자의 변명을 전해 듣자 용서를 철회하고 "양심껏 죄를 인정하고 용서를 구하지 않으면 절대 용서할 수 없다."고 했다는 것이다.

피해자들은 누구나 가해자들이 자신의 범죄를 솔직하게 인정하고 진심으로 뉘우치기를 바란다. 당연한 일이다. 그러나 변호사로서 형사사건의 피의자나 피고인들과 접촉하다 보면 범죄를 솔직하게 인정하고 뉘우치는 경우는 그렇게 많지 않다. 대개 자신의 행위를 변명한다. 특히 자신의 가족들에게는 거의 대부분 죄를 감추거나 줄인다. 아마 진실을 인정하기에 스스로 부끄럽고 또한 누구보다 가족에게 얼굴을 들 수 없기 때문일 것이다.

범죄자의 자백은 수사나 재판에 있어 중요한 사실로 평가된다. 특히 검찰은 과거보다 정도가 덜하기는 하지만 수사에 있어 범죄자의 자백을 받으려는 데 애를 쓴다. 범죄사실을 부인하면 자백하도록 압박한다. 재판에 있어서도 범죄를 자백하지 않고 부인하면 무죄가 되지 않을 경우는 중한 처벌을 각오해야 한다. 무죄주장이 양형(量刑)에 불리하게 작용하므로 변호사로서는 무죄주장을 해야 할지 고민되는 부분이다.

많은 범죄자들은 수사나 재판과정에서 결국 자백을 한다. 진정으로 죄를 뉘우치고 진실하게 자백하는 것인지는 알 수 없지만 적어도 외관상으로는 죄를 뉘우치고 피해자에게 용서를 구한다. 대부분 피해자들도 가해자들과 합의하고 용서한다.

피해자가 가해자를 용서하는 이유는 무엇일까. 빨리 잊어버리고 싶어서일까. 그럴 수 있다. 되돌릴 수 없다면 잊어버리는 것이 나을 수도 있다. 그러나 무엇보다 가장 큰 용서의 이유는 가해자의 여러 가지 사정을 헤아려 동정을 하기 때문일 것이다. 크림빵 뺑소니 피해자의 아버지도 가해자가 자수하였다는 말을 듣고 "그 사람도 부인과 아이들이 있을 것이고 고통스러울 것이니 너무 걱정 말라고 이야기하고 싶다."고 했다.

용서는 가해자에게만 필요한 것이 아니다. 범죄의 피해자가 되는 것은 누구에게나 두렵고 고통스러운 일이나 범죄로부터 자유로운 사회는 없다. 범죄로 인한 고통스런 기억을 계속 가진다는 것은 견디기 어려운 일이다. 고통 받는 마음을 정리하기 위해 가해자를 용서하는 것은 피해자에게 필요한 일이기도 하다.

  피해자는 용서에 앞서 가해자의 자백을 요구한다. 용서를 하기 위해 마음의 정리가 필요하고 사건의 진실이 밝혀져야 마음의 정리가 가능하기 때문이다. 사건의 진실이 밝혀지지 않은 상태에서 피해자가 마음을 정리하기는 어렵다. 가해자를 용서하기는 더욱 어렵다. 그러나 진실을 밝히는 데에는 가해자의 자백이 반드시 있어야 하는 것은 아니다. 가해자가 아니라 사법기관이 사건의 진실을 밝힐 책임을 지고 있다. 피해자의 용서를 위해서도 제대로 된 수사와 재판이 요구된다.

# 소통과 대화

권력은 소통과 친하지 않다. 권력은 자신의 의사를 관철할 수 있는 강제력을 지니기 때문이다. 권력은 외관상 소통의무를 직접적으로 지고 있지는 않다. 강제력을 사용하는 데 따른 법적 절차만 지키면 되는 것으로 보인다.

권력이 불통인 이유는 권력의 정점에 있는 대통령이든 고위 공직자이든 법관이든 검사든 정치권력이든 권력을 가진 사람은 스스로 성공하고 있다고 생각하므로 자기 사고와 판단에 도취돼 다른 사람의 말에 귀를 닫기 때문이다. 이런 권력에 대해 소통부재라고 비판해본들 마이동풍(馬耳東風)에 지나지 않는다.

판사로 오랫동안 근무하다가 나와 변호사 개업을 한 분에게 판사로서 판결을 내리고 난 뒤 잘못 판단했다고 후회한

적이 없는지 물은 적이 있다. 그분은 판사로 재직할 때 법정에서 늘 확신에 차서 다른 사람의 의견을 배척하곤 했기 때문이다. 그런데 그분은 내 질문에 "판사도 인간인데 왜 그런 것이 없겠느냐. 나중에 보니 분명 잘못된 판단인데 그때는 무엇에 홀린 것처럼 누구의 말도 귀에 안 들어오더라."라고 털어놓았다.

사람은 원래 듣고 싶은 것만 들으려 하고 보고 싶은 것만 보려고 한다. 그가 가지고 있는 선입견이 다른 사람의 말을 제대로 듣지 못하게 하며 사물을 제대로 보지 못하게 한다. 권력을 가진 사람은 주관적인 확신과 권력에 추종하는 주변 분위기에 빠져 더더욱 자신이 보고 싶은 것만 보고 듣고 싶은 것만 듣는다.

권력자가 자기 자신만의 생각에 빠져 자신만의 생각으로 권력을 행사하도록 국민이 권력을 위임한 것은 아니다. 민주국가는 모든 권력의 행사에 법적 절차를 밟도록 규정하고 있다. 권력 행사의 법적 절차의 근본취지는 권력자가 단순한 형식적 절차로서 법적 절차를 밟도록 요구하는 것이 아니라 '소통과 대화의 과정'으로서 법적 절차를 밟도록 요구하는 것이다.

소통은 대화를 통해 이뤄지는 행위이다. 소통은 질문하고 대답하는 대화를 통해 사고를 발전적으로 나누고 생산적으로 모으는 과정이다. 대화는 기본적으로 평등한 상태에서 서로 바라보며 이뤄진다. 대화는 등가적(等價的)이며 상대방의 생각에 대한 질문을 담을 수밖에 없다. 수평적인 관계에 익숙하지 않은 권위적인 권력자는 대화를 기피할 수밖에 없다.

민주적인 사고의 권력자는 마땅히 대화를 받아들이고 즐겨야 한다. 소통과 대화의 과정을 통해 열린 판단을 얻어야 한다. 생각이 열려 있어야 하고 생각의 방향도 열려 있어야 하고 귀도 열려 있어야 소통과 대화가 가능하다. 대화의 진정한 가치는 열린 생각을 가능하게 만드는 등가성과 질문에 있다. 수첩을 꺼내 열심히 받아 적어야 살아남는다는 '적자생존'과 같은 말이 관가(官街)에 떠돌아서는 안 될 것이다. 권력자의 말을 주변 사람들이 받아 적는 것과 같은 행태는 바로 권력의 불통을 상징하기 때문이다.

# 현역 입영

군 생활을 생각하면 겨울 새벽별이 떠오른다. 초겨울에 신병으로 입대했다. 논산훈련소를 거쳐 한겨울에 전방 어느 전투부대에 배치되었다. 대부분의 부대와 마찬가지로 야산을 끼고 있는 곳에 위치했다. 막사 앞의 연병장에서 매일 새벽 점호가 이뤄졌다. 공기마저 얼어붙은 어두운 겨울 새벽에 하늘 높이 떠있는 별을 바라보는 것은 군대에서 얻은 큰 기쁨이었다. 군대 생활에서 길어낸 위안은 그뿐이 아니었다. 몸은 노고(勞苦)로 강해지고 예민해지고 튼튼해졌다. 대지, 나무, 숲의 냄새, 공기, 햇빛, 땀, 짧은 휴식, 밤의 수면이 주는 달콤하면서도 삶의 원기를 되찾게 하는 힘을 느끼게 됐다. 이런 것들이 없었더라면 군대 생활을 견딜 수 없었을 것이리다.

80년대 사병으로서의 군대생활은 엄혹했다. 당시 대다수 대한민국 젊은이들과 마찬가지로 통과의례와 같이 자연스럽게 빨려가듯이 군대에 갔다. 그러나 병영이라는 폐쇄된 공간 속에서 공공연히 이뤄지는 폭력을 직접 목격하고 겪으면서 인간에 대한 회의가 들기도 했다. 막사 뒤에서 야간에 집합이 수시로 벌어졌고 사병들 간에서는 물론 장교를 포함한 모든 계급들 사이에 군기라는 명분으로 사적인 린치가 공공연히 벌어지고 묵인되었다. 다행히 사병들은 누구든지 시간이 지남에 따라 상급자로서 폭력의 피해에서 벗어나고 마침내 제대를 하고 떠나지만 말이다.

제대 후 사회생활을 하면서 주변에 군대를 면제받은 멀쩡한 사람들이 적지 않다는 사실을 깨닫게 되었다. 그들은 대부분 영리한 사람들이기도 했다. 이런 불편한 깨달음은 사법시험에 합격하여 사법연수원에 다닐 때도 있었다. 예비 법조인들 중에는 군 복무를 면제받거나 현역이 아니라 보충역으로 편입한 사람들이 너무나 많았기 때문이다.

이 나라에서는 능력 있는 사람들은 군대에 가지 않는 능력도 가지고 있는 건가 하는 생각이 든다. 실제 법조인뿐만 아니라 고위 공직자들이나 정치인들이나 재벌들은 본인들은 물론 그 자녀들도 대를 이어 군대를 가지 않은 사람들이 허다하다. 현 정부의 각료의 절반 정도가 현역 복무의무로부터 면제된 사람들이거나 보충역으로 빠진 사람들이라고도 한다. 놀랍지 않은가.

군 복무를 어떻게 회피하였고 또한 회피하는가. 가장 기본적인 방법은 징병 신체검사에서 면제판정을 받거나 보충역 판정을 받는 것일 것이다. 불공정하고 부실한 신체검사가 부당한 병역면제의 핵심일 것이다. 지금은 어떤지 알 수 없으나 내가 신체검사를 받을 당시 신검 검사장에 있던 군의관들의 짜증 섞인 그 심드렁한 표정을 잊지 못한다. 그들은 무슨 장난을 치듯이 수검하는 젊은이들을 군기 잡기도 하고 무성의하게 신검을 하기도 했다. 신체검사가 있고 난 이후 신검 군의관들이 가정 형편이 좋은 신검 대상자 몇몇과 관련하여 뒷거래를 하고 의문스러운 판정을 내렸다는 소문들이 무성했다.

여당의 수적 힘으로 국무총리가 된 이완구 총리도 이미 많은 사람들이 지적했듯이 제대로 징병 신체검사를 받았는지 석연치 않다. 행정고시를 합격하기 전에는 1급 현역 판정을 받았는데 행정고시에 합격한 이후 재신검에서는 갑자기 4급 보충역 판정을 받았기 때문이다. 더구나 그의 차남도 신검에서 병역 면제를 받았다고 한다.

그가 총리가 된 뒤 강원도 전방부대를 찾았다. 자신의 이미지를 포장하기 위해서가 아니라 힘들게 국방의 의무를 다하는 이 나라 젊은이를 조금이라도 위로하기 위해 찾아갔다고 애써 믿고 싶다.

# 존재하는 삶

지하철을 탔다. 누군가 휴대폰으로 크게 통화를 하고 있었다. 통화 내용 가운데 "내가 진짜배기여, 내가." 하는 말이 들렸다. 나도 모르게 고개를 돌려 보았다. 누가 자신에 대해 저렇게 확신을 가지고 말을 하고 있을까 하는 생각이 들었기 때문이다. 거기에는 70대 중반으로 보이는 노인이 앉아 있었다. 노인은 그럭저럭한 외모와는 상관없이 표정 하나만큼은 오연(傲然)했고 자신에 가득 차 있었다.

그 노인이 불쑥 던진, 자기 확신에 가득 찬 말에 의문이 생겼다. 살아갈수록 어떻게 자신에 대해 확신을 가질 수 있을까. 삶을 돌아보면 돌아볼수록 자신에 대해 더욱 긍정하고 자부심을 가질 수 있는 것일까. 오히려 정반대로 자신에 대해 후회와 연민과 성찰로 더욱 겸손해지고 침묵해야 하는 것이 아닐까.

　사실 나는 목적이나 자기 확신에 가득 찬 사람을 보면 사고가 편협하고 자기중심적인 사람이 아닌가 하는 생각이 먼저 든다. 사람에 따라서 다르겠지만 나이가 들어감에 따라 누적된 삶의 관성(慣性)으로 생각이 점점 굳어지고 반성적 사고가 결여되는 결과를 자기 확신으로 착각하는 것이 아닐까. 실제 나이가 많아도 다른 사람들의 생각이나 입장을 전혀 고려하지 않고 자신의 목적이나 자기 확신을 절대적인 행동 기준으로 삼아 극단적인 행위까지 저지르는 사람도 있다.

　삶에는 이유가 없듯이 목적도 확신도 삶의 본질이 아니다. 삶의 목적이나 확신은 필요에 따라 만들어낸 것에 불과하다. 지상의 모든 것들이 존재하는 이유는 바로 그 존재 자체이다. 우리 삶은 존재하기 위해 존재하는 것이다. 모든 인간들은 존재한다는 점에서 동등한 가치를 지닌다.

　인간 존재의 가치는 삶의 목적이나 자기 확신과는 상관없다. 삶이 곧 존재이다. 사람은 다른 존재들과 마찬가지로 자신의 존재와 주변의 존재를 받아들이고 살아감으로써 자신의 삶을 충족한다. 자신의 존재는 물론 다른 존재를 위협하거나 해치는 모든 행위는, 그것이 어떤 명분이나 목적이나 확신에 근거하든지, 무엇이든지 간에 옳지 않다.

미국의 현존하는 위대한 작가 폴 오스터의 자전적 소설 『겨울일기』는 삶이 존재의 느낌, 존재의 감각으로 가득 차 있는 사실을 감동적으로 묘사한다. 『겨울일기』 첫 장은 '침대에서 나와 차가운 마룻바닥에 맨발을 내딛고 창문 쪽으로 걸어간다. 당신은 여섯 살이다. 바깥에는 눈이 내리고 뒷마당의 나뭇가지들은 하얗게 변해간다'라고 시작한다.

우리 삶은 태어나서 느끼고 생각하며 이리저리 헤매고 헤어지다가 안정되고 마침내 조용하게 침묵한다. 이것이 인생의 위대하고도 보편적인 진실이다. 목적이나 확신이 존재를 대신할 수 없다.

'당신의 어린 자식을 품에 안는 것. 당신의 아내를 품에 안는 것. 침대에서 나와 창가로 걸어가면서 차가운 마룻바닥에 닿는 당신의 맨발. 당신은 예순네 살이다. 바깥은 회색이다 못해 거의 흰색에 가깝고 해는 아예 보이지도 않는다. 당신은 자문한다. 몇 번의 아침이 남았을까? 문이 닫혔다. 또 다른 문이 열렸다'는 서술로 『겨울일기』는 마지막 장을 닫는다.

우리 삶은 존재하는 것으로서 존재한다. 현실의 삶이 소란스럽고 거칠고 조잡하며 꾸며지고 착각하며 불안하다고 하더라도 우리가 존재하며 존재를 통하여 느끼고 사고하며 그 느낌과 사고를 통해 존재한다. 또한 우리 존재는 홀로 존재하는 것이 아니라 다른 존재와 연결되고 시간을 넘어 다른 존재로 남는다. 이것은 변함없는 진실이며 우리가 모든 존재를 소중하게 여겨야 하는 이유이기도 하다.

봄

# 봄의 길목

봄의 길목이 소란하다. 따뜻하다가 언제 그랬냐는 듯이 꽃
샘추위가 오고 그 추위마저 봄을 재촉한 듯 날씨가 풀리면서
봄비가 내리고 갑자기 공기가 더워졌다가 다시 추위가 닥친
다. 그러나 이 꽃샘추위마저도 봄의 서곡(序曲)일 뿐이다. 봄
은 벌써 그 아름답고도 소란한 변주곡을 이어가고 있다.

봄은 봄비로부터 시작한다. 생명의 물인 봄비가 삼라만상
을 소생시키는 봄을 연다. 봄비, 봄비가 내린다. 푸른빛이 어
스름히 피어나는 새벽 공기 사이로 비가 대지에 떨어진다.
아파트 베란다 창문을 적시고 정원에 흩뿌리고 아스팔트 위
로 떨어져 흐르고 공원과 새벽 산의 소나무들을 적신다. 대
지는 비를 받아들인다. 딱딱하던 땅은 수분을 흠뻑 머금어
풀린다.

완연히 봄이 시작된다. 햇살이 반짝인다. 차가웠던 바람은 따뜻한 봄볕에 섞여 흩어지고 부딪힌다. 결 따라 부드럽기도 싱그럽기도 시원하기도 따뜻하기도 하다. 나무들 끝에는 어느덧 뾰족한 새순이 한없이 돋아나고 산수유 연노란 꽃망울이 여기저기 걷잡을 수 없이 터져 나온다. 공원 길 양쪽으로 이어지는 개나리꽃들은 봄 길을 노랗게 비춘다. 벗나무에는 하얀 꽃잎들이 가지마다 점점이 그 여린 봄을 드러낸다.

높이 뻗은 나무 가지 위로 새들이 후드득 하늘을 향해 날개를 뻗고 몸을 솟구친다. 뒷산 비탈 한 쪽에서 꿩이 우는 소리가 요란하다. 어느새 내 마음은 새처럼 저 산 높이 날아오르고 강 위를 따라 흐르듯 스친다.

봄은 생명이 움트는 시기이다. 새로운 생명으로 세상의 생명들이 모두 아름답게 피어난다. 살아있음이 노래처럼 기쁨이 된다. 이수복 시인은 「봄비」에서 이 '비 그치면/ 내 마음 강나루 긴 언덕에/ 서러운 풀빛이 짙어오것다./ 푸르른 보리밭 길/ 맑은 하늘에/ 종달새만 무어라고 지껄이것다'라고 노래했다.

봄은 새로운 생명을 연다. 새로운 세상이 가슴 두근거리듯 열린다. 생명의 움틈은 소란하면서도 아름다운 환희의 노래로 세상을 채운다. 봄은 생명이 빛나는 계절이다. 봄은 생명의 존재, 존재의 빛을 노래한다. 이미 존재하는 생명과 더불어 새로운 생명이 함께 살아있음을 기뻐한다. 생명의 움틈과 생명의 환희 속에 모든 생명의 어울림, 생명의 합창이 세상에 가득 울린다.

아내와 함께 부산 범어사 뒤 금정산에 올랐다. 산 아래 매화가 피었다. 파란 하늘 아래 흰 매화, 홍매화가 푸른 하늘에 눈부시다. 소나무 숲길에 솔향기가 가슴까지 들어온다. 그늘을 걸을 때는 공기가 시원하고 볕을 걸을 때면 공기가 따뜻하다. 몸이 시원함과 따뜻함으로 호사스럽다. 안온함과 피로함이 동시에 찾아온다. 사랑스러운 계절이다.

아내가 내게 묻는다. "당신은 어느 계절이 좋아요?" 젊은 시절에는 내가 태어난 여름을 좋아했지만 나이가 들수록 오히려 봄이 좋아진다. 젊은 시절은 열병(熱病)에 시달리는 시기이다. 이 소란한 봄을, 이 아지랑이 피어나는 봄을, 꿈결과 같은 봄을 바라보며 음미하기에 너무나 뜨겁다.

이 봄은 삶의 가을에 막 들어서거나 들어선 중년의 당신에게 완연히 어울린다. 삶을 사랑하고 인생을 노래하며 나이를 빛나게 하는 당신, 당신에게 이 봄의 한 조각을 드린다.

# 부정청탁금지법,
# 공정한 사회를 향한 큰 걸음

저녁뉴스를 보던 아내가 "아니 대한변협이라는 데가 왜 저래요?"라며 분개했다. 3월 4일 이른바 '김영란법'이라고 불리는 「부정청탁 및 금품 등 수수의 금지에 관한 법률」이 국회를 통과하자 그 다음날 대한변호사협회 집행부가 이 법에 여러 가지 위헌적 요소가 있다면서 헌법소원을 제기하겠다고 밝힌 것이다.

나는 하창우 대한변협협회장에게 문자메시지를 보냈다. '대한변협이 김영란법에 대해 앞장서서 위헌소송을 제기한다고 하는데 재고해야 한다. 대한변협이 국민여론과 배치되는 행동을 앞장서서 할 이유가 있는가. 위헌논의가 있다면 이를 지켜보고 신중하게 대응해야 한다. 대한변협이 부패한 집단의 이익을 대변하는 데 급급한 단체인 것처럼 행동해서는 안 된다'는 취지였다. 하 협회장은 이에 대해 다른 분이 헌법소원 제기방침을 지지하면서 보내온 의견이라며 일반인을 처벌하는 부정청탁금지법 규정의 문제를 지적하는 내용을 답장메시지로 보내왔다.

이날 방송은 김영란법이 문제투성이인 것처럼 보도했다. 처벌대상으로 공직자 외에 언론인이 포함된 것에 대한 불만 때문인 것으로 보인다. 이 법이 시행되면 식당, 호텔, 골프장, 심지어 추석선물로 쓰이는 과수 농가까지 악영향을 받을 것이라고까지 전했다. 이 나라 식당과 호텔, 골프장이 공직자를 접대하는 자들과 접대 받는 공직자들로 가득 차 있고 추석선물도 접대용이 대부분이란 말인지 선뜻 납득이 되지 않았다.

김영란 전 국민권익위원장을 단 한 번 뵌 적이 있다. 19년 전 사법연수원에 다닐 때 다른 사법연수생 몇 명과 함께 지도교수님의 초청으로 자택을 방문했을 때였다. 당시 내가 소속한 사법연수원 분반의 지도교수님이 강지원 부장검사였으며 강 교수님의 배우자인 분이 바로 당시 부장판사였던 김영란 전 국민권익위원장이었다. 강지원 교수님은 청소년보호위원장을 역임하고 득표율은 미미했지만 대통령 선거 입후보로 나서기도 했었다. 김 전 위원장은 강지원 교수님이 우리와 이 얘기 저 얘기를 나누는 동안 우리가 묻는 말에만 한두 마디 정도 한 것으로 기억된다. 조용하고 자신을 내세우지 않는 분이라는 느낌을 받았던 것 같다. 대법관으로 계실 때도 그 분이 주심으로 있는 사건의 판결을 받으면 뭔지 모르지만 인간미가 스며있는 것처럼 느껴졌다.

「부정청탁 및 금품 등 수수의 금지에 관한 법률」은 김영란 전 위원장이 법관으로서 오랫동안 재직하면서 우리 사회의 고질적인 병폐가 무엇인지 눈으로 보고 깊이 생각하여 제안한 것으로 보인다. 그것은 바로 우리 사회가 중요한 국가 부문에 있어 권력과 돈을 가진 자들 간의 뒷거래가 고착화되어 있다는 점이다.

이 법은 부정청탁을 배격하는 대상으로 보는 업무-인허가, 세금, 인사, 입찰, 계약, 국가 보조금 등의 지원 및 배정, 학교의 성적과 평가, 수사, 재판, 심판, 결정, 조정, 중재, 화해 등-를 들고 있다. 이러한 공적인 업무들은 국민의 권익과 직접적으로 관련되는 것이다. 따라서 무엇보다 공정성을 핵심으로 해야 한다. 이러한 공적 업무가 권력과 돈의 뒷거래로 얼룩지는 것은 바로 국민의 권익을 직접적으로 침해하는 부정행위이다. 국민의 권익과 관련된 공적인 업무가 전반적으로 공정하게 이뤄지는 것을 담보하는 부정청탁금지법은

공정한 사회로 나가는 큰 걸음이다. 부정청탁금지법은 오히
려 하루빨리 시행되어야 한다.

# 통일 대박론

북한은 우리에게 끊임없는 화두(話頭)이다. 김일성과 그 아들인 김정일의 사진과 동상이 뇌리에 박힌 지 오래 되었고 이제는 김일성의 손자인 김정은의 비대한 몸을 찍은 영상까지 TV에 거의 매일 등장하고 있다. 거기다가 최근에는 헌법 재판소의 통합진보당 해산결정, 영화 『인터뷰』 DVD 대북살포 제지, 신은미·황선의 토크 콘서트에 대한 종북논란 등이 이어졌다.

북한은 실존하는 사회이지만 두꺼운 안개 속에 있는 것처럼 확인할 수 없는 이야기가 떠도는 곳이기도 하다. 우리의 어두운 그림자, 우리를 위협하는 깡패로 비치기도 하고 우리가 도와주어야 할, 분단의 아픔이 핏줄로 이어지는 동포이면서 통일 대박(?)의 대상으로 거론되기도 한다.

이런 북한을 우리는 어떻게 이해할까. 이 문제 앞에서는 늘 당혹스럽다. 아무리 들여다보아도 제대로 이해할 수 없기 때문이다. 최근 『사진과 그림으로 보는 북한현대사』, 『영국 외교관 평양에서 보낸 900일』, 『현대 북한학 강의』 등의 책을 읽었지만 북한에 관한 다른 책들과 마찬가지로 현실 북한을 이해하는 데에는 늘 커다란 빈틈이 있는 것 같다.

북한 사회에 대한 이해와 편견은 시각의 문제인 것으로 보기도 한다. 북한과 관련된 진보적인 시각은 북한을 내재적인 관점에서 보도록 요구한다. 북한을 북한식으로 이해해야 한다는 것이다. 내재적 접근법은 김일성, 김정일, 김정은 3대로 이어지는 세습, 이들을 어버이로 부르는 북한 사람들의 감정과 태도, 모든 북한 사람들이 가슴에 김일성 배지를 착용한 모습, 어린아이부터 어른까지 수만 명이 광장에 모여 일사불란하게 벌이는 매스게임 등이 북한 인민의 동의하에 자발적으로 이뤄지는 일로 받아들인다. 북한을 사회주의 평등이 바탕이 되는 가난하지만 따뜻한 공동체로 바라본다.

북한은 권력투쟁은 있었지만 불행하게도 민주주의의 핵심인 국민의 선거에 의한 정권 교체에 대한 경험은 전무한 사회다. 조선왕조와 일제의 천황지배에 이어 곧장 김씨(金氏) 왕조로 권력이 넘어가서 지금까지 이어지고 있다. 김씨 왕조는 북한 주민의 의식 속에 존재하는 이씨(李氏) 왕조의 포장만 사회주의로 바뀐 대체물에 불과하다.

왕조사회는 왕이 유일한 존엄이다. 왕 이외는 권력과 명령의 대상에 불과하다. 왕조정치의 핵심은 왕과 그에 협조하는 측근들의 대를 이은 영화(榮華)이다. 아무리 미화하더라도 그게 본질이다. 수족인 최측근들에게는 특권과 영달이 주어진다. 반면에 누구든지 왕권유지에 위험이 되면 가차 없이 제거된다. 인민의 평등은 그곳에 존재하지 않는다.

왕과 측근의 호사와 대조적으로 다수 백성은 왕조체제의 고착성과 경직성, 불합리와 비효율로 헐벗고 고통 받을 수밖에 없다. 이런 백성들의 고통과 불만을 잠재우기 위해 자애롭고 헌신적인 통치자의 모습을 선전하지만 상황은 나아지지 않는다.

북한은 왕조사회이다. 그것도 절대 권력인 왕위를 부계 세습하는 왕조국가이다. 왕인 김정은은 북한의 모든 사람 위에 군림한다. 그는 안하무인이다. 북한의 나머지 모든 사람은 단 한 사람인 왕 앞에서 쩔쩔 맨다. 북한을 제대로 이해하기 위해서는 왕조사회로서 북한을 연구하고 이해하고 접근해야 한다.

우리의 통일 논의는 북한에 대한 이해만큼이나 환상에 가깝다. 북한 주민에게 그들이 경험하지도 못한 민주주의적인 사고를 요구하는 것이기 때문이다. 역사 속 왕조의 멸망은 거의 전쟁이나 외세의 개입으로 강제로 이뤄졌다. 왕조가 스스로 문을 닫은 경우는 전무하다. 북한왕조의 붕괴가 내부적으로 이뤄질 가능성은 전혀 없다. 통일 대박 주장보다 평화로운 공존정책이 우리가 가질 수 있는 현실적이고도 올바른 선택이 아닌가 한다.

# 선착순 경제

젊은 날 군대에서 처음 부딪히며 당황했던 것 가운데 하나가 선착순이었다. 군기를 위한 것이라고 하나 적응하기 어려웠다. 순서 안에 들지 못하면 불이익이 돌아온다. 동료들과 대놓고 달리기를 하여 등수 안에 들어야만 한다. 그렇지 않으면 계속 선착순을 반복하여 지쳐 헤매기도 한다. 아무 생각 없이 무조건 뛰어야 한다. '선착순을 왜 해야 하나?'라고 생각하면 순위 안에 절대 들 수 없다.

시장(市場)에서도 선착순이 비일비재하다. 선착순은 자원 배분의 방식 가운데 하나로 흔히 벌어지는 일이다. 공급에 비해 수요가 많으면 공급자는 선착순의 방식을 택하기도 한다. 괜찮은 식당의 예약이나 백화점 행사, 주말의 열차 좌석표 구입, 인기 있는 아파트의 청약 등 무언가 가지려는 사람

의 수에 비해 공급되는 물건이 부족할 때 선착순은 치열하기
까지 하다.

한가로운 마음을 좋아하는 나 같은 사람은 아예 줄도 서
보지 못하기 십상이다. 사실 나는 무언가를 얻기 위해 남보
다 먼저 줄을 서는 것이 부끄럽고 어색하다. 본심을 드러내
는 것처럼 느껴지기 때문이다. 남보다 먼저 줄을 서야 무언
가를 얻을 수 있는 곳에는 서 있고 싶지 않다.

물론 모든 사람이 줄을 서야 하는 경우나 차례를 기다리는
경우까지 마다하지는 않는다. 그것은 먼저 온다고 많이 가지
거나 좋은 것을 가지는 것이 아니기 때문이다. 그런 경우는
마음 편하게 줄을 서서 기다리면 될 뿐이다.

정부가 가계채무구조를 개선하기 위해 은행을 통해 판매
한 안심전환대출이라는 금융정책상품이 나온 지 나흘 만에
모두 팔렸다고 한다. 정부지원 한도금액인 20조 원이 모두
소진됐다는 것이다. 변동금리 대출상품을 고정금리의 원리
금 상환 상품으로 바꾸는 대신 이자율을 2% 중반대로 낮춰
주는 전환대출 금융상품이다. 정부가 제1금융권 주택담보대
출자들을 대상으로 은행을 통해 이런 상품을 내놓은 이유는
우리 가계채무구조가 향후 국제 금리인상 등 외부적인 경제
요인의 변화가 있더라도 견딜 수 있도록 안정화시키겠다는

데 있다고 한다.

그런데 이 안심전환대출상품이 선착순이라는 게 영 납득이 가지 않는다. 이 금융상품을 선착순으로 정한 이유가 수요와 공급이 맞지 않을 것을 미리 예상했기 때문이라면 공정성에 맞지 않는 정책이다. 반대로 수요와 공급을 제대로 예측하지 못했다면 급조된 경제 정책이라는 점을 드러내는 것이다.

선착순 방식의 상품배분은 시장에서는 통용될지언정 정부의 경제정책으로서는 형평성에 어긋난다. 정부는 선착순 방식의 정책을 모든 국민이 적어도 먼저 은행으로 뛰어갈 기회를 공평하게 가졌으므로 불공평하지 않다고 주장할지도 모르겠다. 그러나 기회를 공평하게 가진다는 것과 오로지 남보다 먼저 행동하는 이유만으로 이익을 차지하는 것은 전혀 다른 문제다.

정부는 기왕에 가계부채구조를 안정적으로 만드는 경제정책을 추진한다면 가계대출채무를 지는 국민들은 누구나 어느 정도 선택의 자유와 공평한 기회를 가질 수 있도록 다양한 금융정책상품을 장기적으로 내놓아야 했다. 지금처럼 변동금리대출자 가운데서도 재빠른 사람들만 혜택을 볼 수 있는 선착순이어서는 곤란하다.

2차 안심전환대출상품은 저가주택 대출자부터 우선 순으로 판매하기로 했다고 한다. 선착순이 아닌 게 다행이지만 정부의 경제정책의 수준이 단기적이고 즉흥적인 수준에 머무는 것 같아 걱정스럽다.

# 공적(公的) 문제

처남이 매형에게 병문안을 갔다. 매형은 다리를 다쳐 병원에 입원한 상태다. 병실의 문을 여는 순간 처남은 뜻밖의 장면을 목격한다. 매형과 간호사가 서로 안고 있었다. 처남은 고민에 빠진다. 매형의 간통사실을 누나에게 알려야 하는지 말이다. 매형과 누나 사이에 싸움이 벌어질 것이 분명하므로 그냥 지나가는 게 나을까. 아니 불륜이 더 진행되는 것을 막기 위해서는 그래도 알려야 하지 않을까. 처남은 상담전문가에게 고민을 털어놓는다.

미국의 유명한 카운셀러이자 칼럼니스트인 앤 랜더스는 어떤 처방을 내렸을까. 앤은 먼저 병원에 간호사의 행동을 알려야 한다고 처남에게 조언했다. 간호사의 행위는 간호사로서의 의무를 위반한 것인 동시에 환자를 치료하는 의료행

위에서 벗어난 위험한 행동이라는 것이다.

앤 랜더스는 문제를 바라보는 시각을 달리 했다. 매형의 간통행위를 누나에게 알려야 하는지에 대해 대답하기보다 간호사의 의료에 반하는 행위에 대해 지적했다. 사적(私的)인 문제를 질문 받았지만 공적인 측면에서 환자에 대한 간호사의 부적절한 행위를 문제 삼은 것이다.

간통이 순전히 사적인 영역에 있는 행위인지 의문이 있을 수도 있다. 우리나라에서 헌법재판소의 위헌결정이 있기 이전에 간통은 엄연히 형사법상 처벌대상이었다. 그러나 당시에도 간통은 당사자 외에는 누구도 문제 삼을 수 없는 친고죄(親告罪)였다. 배우자가 고소를 할 경우에만 처벌대상으로 삼을 수 있었다.

간통에 대한 처벌은 원래 배우자에 대한 성적인 순결성을 지키기 위한 것이라기보다는 부성(父姓)을 따르는 혼인제도 곧 부계혈족을 오염시키는 여자의 간음행위를 막기 위한 제도에서 출발했다. 남자의 간통은 묵인한 반면 여자의 간통은 엄혹하게 처벌하여 온 역사가 이를 증명한다. 간통 처벌은 부계혈족 우위라는 불평등한 배경을 가진 것으로 부부 양성의 평등을 전제로 하는 현대 가정에서는 그 존재이유가 모호해졌다. 더구나 과학적으로 친자확인이 가능해져 간통을 처벌함으로써 혈족의 오염을 방지할 필요성도 사실상 없어졌다. 성적인 순결성에 공권력이 개입할 명분이 없는 이상 헌재의 결정은 간통죄의 화석화(化石化)를 확인한 것에 불과하다.

사적인 문제의 해결에 대해서는 여러 가지 의견이 있을 수 있다. 주관적인 감정이나 개별적인 사정이 객관적인 사실보다 더 중요하게 고려되기도 한다. 여러 가지 사정과 서로 모순되는 기준들에 의해 문제 해결이 좌우될 수도 있다.

공적인 문제에 대한 판단은 이럴 수도 있고 저럴 수도 있다고 할 수 없다. 적절한 판단을 찾아야 하고 또한 적절한 판단이 존재해야 한다. 객관적이면서도 공개적이며 공평하고도 공정한 기준에 따라 처리되어야 한다. 공적인 문제는 모두의 문제이기 때문이다. 물론 여론에 따라야 하는 정치적인 문제도 공적인 문제가 될 수 있지만 그것은 어디까지나 정치라는 특수한 영역의 문제이다.

공적인 영역에서의 문제는 주관적인 사정이나 의견에 따라 처리되어서는 안 된다. 공적인 영역은 국가의 기능, 공무원의 업무, 국가사회의 기본적인 질서나 제도, 국가 예산과 직접 또는 간접적으로 관련된 일, 직업이나 일에 대해 법률이 규정하는 교육, 의료, 변호, 회계, 세무 등을 포괄한다.

최근 세월호 선체의 인양 문제가 거론되고 있다. 세월호 사고 처리와 함께 선체 인양도 공적인 문제인 만큼 정부는 임시방편적 처리 기준이 아니라 향후에 유사한 사고에 적용할 수 있는 공개적이면서도 공정하고도 객관적인 처리기준을 마련해야 할 것이다.

# 구속

검찰수사를 받던 인사가 목을 매어 자살했다. 구속영장청구에 따른 피의자 심문을 앞두고 있었다. 검찰수사를 받는 피의자가 목숨을 끊는 경우 검찰수사가 지나쳤는지, 강압적이었는지 하는 논란이 생긴다. 그러나 검찰 수사가 지나쳤는지 강압적이었는지 문제보다 유독 우리나라에서 행해지는 사전구속과 석방불허 관행에 문제가 있다고 생각한다.

형사소송법상 검찰이 수사절차에서 법원에 피의자에 대한 구속영장을 청구하면 법원은 구속영장실질심사를 통해 구속영장 발부 여부를 결정한다. 구속은 강제수사 방법에 지나지 않는다. 강제수사는 증거를 인멸하거나 도주할 우려가 있는 경우 이를 방지하기 위해 피의자의 구속을 수반한 수사를 말한다. 따라서 법원의 구속영장실질심사는 피의자를 법정에세워 피의자에 대해 강제수사의 필요성 곧 피의자가 증거를 인멸하거나 도주할 우려가 있는지 여부에 대해 심사한다.

그런데 문제는 우리나라에서는 범죄에 대한 처벌의 하이라이트가 구속여부에 집중되어 있다는 점이다. 법원이 강제수사의 필요성 유무에 따라 구속영장의 발부 여부가 결정하기보다는 유·무죄 여부 또는 죄의 경중에 따라 구속영장의 발부가 결정되는 것처럼 운영하고 있다는 점이다.

우리나라에서는 구속영장 발부율이 80%에 이른다. 검찰의 영장청구가 있는 경우 법원이 거의 구속영장을 발부하고 있다는 이야기다. 법원의 높은 구속영장 발부율은 검찰의 구속영장청구의 남용이라는 악순환을 불러온다. 여기에 법원의 석방불허 관행마저 겹쳐 피의자는 아직 재판을 앞두고 있음에도 이미 유죄처분을 받은 것과 같은 상태에 놓이게 된다.

구속영장심사는 변호사도 대응하기 어렵다. 왜냐하면 형사소송법은 체포된 피의자에 대해 검찰의 구속영장이 청구된 날의 다음 날까지 영장심사를 하도록 규정하고 있어 변론을 준비할 시간이 극히 부족하기 때문이다. 구속영장발부는 재판에도 악영향을 미칠 가능성이 높다. 법원은 잘못된 구속영장을 발부했다는 지적을 받지 않기 위해서라도 가능한 유죄 쪽으로 쏠릴 수 있다.

구속은 수사에도 악용될 수 있다. 구속 피의자는 검찰로 소환될 때 양 손목에 수갑을 채울 뿐만 아니라 팔을 움직이지 못하도록 팔과 허리를 포승줄로 함께 묶은 상태에서 이송된다. 이송 시간뿐만 아니다. 수갑을 차고 포승에 묶인 채 몇 시간씩 걸리는 검찰 조사를 받아야 한다. 강압수사가 아니더라도 조사 횟수나 조사 시간이 길어지면 누구든지 무너지게 되어 있다.

보증금을 내고 구속을 면할 수 있는 형사소송법 제214조의 제2항에 규정되어 있는 보증금납입조건부 석방제도도 제대로 운영되지 못하고 있다. 부자에게만 가능한 제도로 잘못 인식되고 있기 때문이다. 보증금을 반드시 현금이 아니라 보증서, 담보제공 등으로 대체하여 운영할 수 있어 부자가 아니더라도 보증금납입조건부 석방이 가능하다.

재판의 결과에 따른 유·무죄 선고에 의해 범죄에 대한 처벌은 이뤄져야 함에도 한 번 구속되면 장기간 석방되기 어려운 현재의 구속제도 운영은 수사과정에서의 구속이 유죄를 결정하는 것이 되고 있다. 이는 피의자의 방어권을 침해하는 심각한 부작용을 야기하는 것은 물론 전반적인 형사사법의 운용을 왜곡시키는 결과를 가져오고 있다.

강력범죄를 제외하고는 불구속 수사와 불구속 재판의 원

칙이 지켜져야 한다. 피의자나 피고인을 구속하는 관행은 없어져야 한다. 보증금이나 보석제도를 일반화시켜 당사자가 이성적으로뿐만 아니라 심정적으로도 형사절차를 공정한 사법절차로서 받아들이도록 만들어야 한다.

# 4월 어느 날

4월 어느 날 벚꽃 아래를 거닐었다. 꽃잎 아래 서면 가슴
이 먹먹해온다. 삶의 본질적인 무언가와 마주한 것처럼. 아
파트 정원 길에 늘어서 있는 나무들, 하얀 목련, 붉은 철쭉,
연보라색 라일락꽃. 내 몸으로 들어오는 대기의 찬 공기들.
이 호흡, 이 순간, 빈 것 같고 그리운 것 같고 가슴을 채우는
무엇이 내 마음을 휘감는다.

우리 삶의 본질적인 것은 무엇인가. 돈도 사랑도 어쩌면
그 모든 것도 순간들도 저 꽃잎처럼 빛나다가 가엽다가 떨다
가 사무치다가 떨어지는 것이 아닐까. 연약하지만 빛나지만
기쁘지만 아쉽게도 저 대지 위에 떨어져 빛을 잃어가고 기억
의 저편으로 사라지는 것이 아닐까.

이렇게 빛나는 꽃의 계절에 한 사람의 자살과 그가 남긴

리스트로 방송과 신문이 시끄럽다. 그의 죽음과 행적은 소란스럽고 우울하고 어둡다. 남은 사람들도 말로 도배를 하고 있지만 소리를 잃은 것처럼 공허하다. 우리는 도대체 어디에 서 있는가. 거짓을 포장하고 불의를 미화하고 헛된 권세에 매달리며 삶을 음울한 죽음으로 내몰고 있는 것이 아닐까.

죽은 자와 산 자들의 거래를 둘러싸고 나오는 부정한 이야기가 끝없이 쏟아진다. 하지만 전혀 새로운 것이 없다. 우리 사회와 우리 세대가 이미 윤리나 명예에 대해 더 이상 말을 잃었다고 해도 과언이 아니다. 늘 그렇듯이 돈과 권력을 둘러싸고 벌어지는 어둠 속의 진부한 행태들이 햇빛에 드러났을 뿐이다.

그는 어려서 아버지와 계모로부터 학대를 받고 집을 나와 자수성가한 것으로 알려졌다. 그의 아버지는 자녀의 든든한 버팀목이 되지 못하고 자녀를 윤리적으로 가르치지도 못한 것이 아닌가 한다. 그는 어린 시절부터 아버지를 통해 인간이 윤리적인 존재라기보다는 욕망에 따라 행동하는 존재라는 생각을 가졌을 수도 있다. 욕망과 욕망을 충족하기 위해 권력이나 돈이나 세속적인 힘에 매달렸던 것인지도 모른다.

유대인 랍비 조셉 텔루슈킨은 그의 책 『죽기 전에 한번은 유대인을 만나라』에서 유대인의 자녀교육은 무엇보다 자녀를 윤리적인 인간으로 키우는 데 있다고 말한다. 부모를 나타내는 히브리어 호레(horeh)가 스승을 나타내는 히브리어 모레(moreh)와 이어지듯이 유대인들은 부모의 가장 큰 임무는 자녀를 가르치는 것이라고 생각한다. 자녀들에 대한 교육을 가장 우선한다.

유대인은 흔히 알려진 것과는 달리 실용적인 가르침보다 선하고 정직하게 살도록 가르치는 것을 중시한다. 유대인에게 사람의 가치는 세속적으로 성공했는가에 있지 않다. 유대 역사에서 위대한 인물은 권력이나 세속적인 부나 직업적인 성공과는 상관이 없다. 재능이나 인기와도 전혀 관련이 없다. 오로지 그가 선하고 정직하게 살았는가에 기준을 둔다.

그는 40년간 휴일과 생일을 빼고 매일 사람들과 조찬모임을 가지고 1,000명 이상의 전화번호를 외우고 있었다고 한다. 그는 그렇게 많은 사람들과 인간관계를 맺고 있었지만 정작 자신의 생명을 지키지 못하고 스스로 목숨을 끊어야 했다. 불행한 일이다.

# 부부싸움

부부싸움의 스펙트럼은 다양하다. 사랑싸움에서부터 이혼 소송뿐만 아니라 목숨을 걸고 하는 싸움까지 있다.

나와 아내는 부부싸움을 한 번도 하지 않은 사이는 전혀 아니다. 부부싸움을 전혀 하지 않는 부부는 두 사람 모두 뛰어난 인격의 소유자거나 아니면 한쪽이 일방적으로 뛰어난 인격자이거나 아니면 한쪽이 다른 쪽을 완전히 압도하는 그 무언가를 가지고 있거나 그것도 아니면 한쪽이 완전히 참거나 포기하는 경우일 것이다.

부부싸움을 한다. 일 년에 한두 번 하는 것처럼 아주 가끔 하는 것이 아니라 주기적(?)으로 한다. 사실 살아갈수록 횟수가 줄고 주기가 길어졌지만 그래도 가끔 싸운다. 사랑싸움을 할 때도 있고 한번 안아주는 것으로 풀리는 경우도 있지

만 아이들 보기 민망할 정도로 험하게 싸울 때도 있다. 그러
나 이혼소송을 앞두고 있는 것도 아니고 필사적으로 싸우는
것도 아니다.

　부부싸움은 언제나 아내가 먼저 건다. 아내가 절대적으로
우월한 입장에서 늘 내 행동을 문제 삼는 데서 부부싸움이
시작된다. 아내는 보호자로서 나를 각성시키듯이 내 행동거
지를 거론한다.

　'당신은 왜 다른 여자에게 친절하냐? 관심 있는 것 아니
냐? 왜 집에 일찍 와서 아내를 즐겁게 해주지 않고 일만 하
느냐? 왜 나에게 먹는 것만 찾느냐? 다른 여자들 남편들은
요리도 해서 아내를 대접한다고 하는데 당신은 왜 요리를 한
번도 하지 않느냐? 왜 집에서는 피곤하다고 하면서 일찍 집
에 들어오지 않느냐? 술도 못하면서 왜 술을 마시느냐?' 등
등이다.

　그 외에도 아내가 꺼내는 싸움리스트는 다양하지만 궁극
적으로 아내는 남편인 내가 아내인 자신에게 시간과 애정을
충분히 쏟지 않고 기쁘게 해주지 않는다는 것이다.

　대부분의 남자들처럼 '밖에서 돈을 버는 데 신경을 쓰는데
어떻게 아내의 일에 일일이 신경을 쓰고 아내를 기쁘게 하는
데 시간을 많이 들일 수 있느냐, 남편의 노고를 좀 이해해라'

라고 항변한다. 그러나 아내는 물러서지 않는다. 오히려 이
것저것 들춰내며 남편을 꼼짝 못하게 만든다.

밖에서 일을 하고 집에 들어와 아내의 위로를 기대하던 나
는 화가 나서 그만하라고 말한다. 그리고는 말을 끊는다. 더
이상 말하지 않는다. 시간이 흐른다. 한편으로는 화난 기분
이 사라진다. 마음속으로 아내의 투정을 받아들인다. 남편으
로부터 사랑을 더 받고 싶어서 투정하는 것 아닌가. 그렇다
고 금방 화를 풀 수도 없어 계속 말을 하지 않는데 아내가 툭
건드린다. 나도 모르게 웃음이 터져 나온다.

이래서 문제다. 웃음을 참지 못하고 터뜨리니까. 아내는
내가 화내는 것을 전혀 겁내지 않는다. 화를 내다가도 웃으
니까 말이다. 내가 생각해도 화를 지속하지 못하는 내가 한
심하다. 마음속으로 계속 화를 내는 상태를 유지해야지 굳게
다짐해도 천성이라서 그런지 싸운 뒤 아내 얼굴을 쳐다보면
이상하게도 웃음이 나온다.

『화성에서 온 남자 금성에서 온 여자』의 저자 존 그레이는
아내와의 부부싸움에서 큰 깨달음을 얻었다고 한다. 그와 싸
우던 중 그의 아내는 그에게 말했다.

"당신은 다급할 때 믿을 수 없는 친구예요. 내가 다정하고
사랑스러운 아내일 때 당신은 내 곁에 있지만 그렇지 않을

때 당장 저 문밖으로 걸어 나가버리니까요."

그는 자신이 아내가 행복해하고 기분이 좋으면 아내를 사랑했지만 아내가 기분이 언짢거나 우울해하면 그것이 마치 자신을 탓하는 것인 듯해서 아내를 기피하였음을 알게 되었다는 것이다.

한때 성경 구절과 같이 남편은 아내를 보호하고 아내는 남편을 위로해야 한다고 생각했다. 그러나 언제부턴가 생각을 바꿔 아내가 남편의 보호자이고 남편을 아내의 위로자로 여기게 되었다.

# 닫힌 토론

변호사는 법정에서 똑같은 일을 두고도 서로가 전혀 다르게 이야기하는 상황을 종종 목격하게 된다. 사건의 실체는 하나인데 보는 눈은 두 개인 것이다.

이혼소송에서는 배우자인 여성이 직장 일을 한다면 남자는 "아내가 밖으로 나돌기 위해 직장에 다닌다. 월급도 얼마 되지 않는 것으로 안다."고 말한다. 아내가 직장을 핑계로 가정을 돌보지 않았다며 분노를 터뜨린다. 그러나 여자가 입을 열면 상황이 180° 달라진다. "직장에 다니고 싶어 다니는 것이 아니다. 남편이 돈을 잘 벌지 못하는 데다가 생활비마저 제대로 주지 않는다. 조금이라도 보탬이 되려고 힘들지만 어쩔 수 없이 다닌다."며 눈물을 글썽인다.

입장의 차이가 생각의 차이를 낳고 생각의 차이는 똑같은 사물이나 상황에 대해서도 의도적이든 의도적이지 않든 간에 전혀 다른 시각을 낳는다. 서로의 입장을 고려하지 않으면 서로 거짓말을 하고 있다며 서로 비난하게 된다.

경험이 부족한 변호사는 상대방이 거짓말을 한다면서 공격한다. 경험이 풍부한 변호사는 상대방의 주장을 거짓말이 아니라 상황을 보는 시각의 차이로 이해하고 접근한다. 소송이 궁극적으로 싸움 그 자체가 목적이 아니라 문제 해결을 목적으로 한다면 상대방의 처지나 입장에 대해 제대로 이해하는 것이 상황을 해결하는 데 도움이 된다.

소송에서뿐만 아니다. 문제를 해결하기 위해서는 서로 대화를 나누는 것이 필요하다. 대화를 하기 위해서는 상대방에게 귀를 열어야 한다. 귀를 열기 위해서는 선입견을 가지지 않아야 한다. 선입견을 가지지 않기 위해서는 사건이나 상황에 대해 열린 사고를 가져야 한다.

제대로 모른다고 인식하는 것이 열린 사고의 출발점이다. 자신이 모두 안다고 생각하는 순간 사고가 굳어지고 닫히게 된다. 모른다고 전제할 때 귀를 기울이고 자신이 알지 못하는 부분까지 모두 살펴 실체에 한결 가까이 다가갈 수 있다.

우연히 공무원 연금 개혁과 관련한 방송토론을 보게 됐다. 〈이것이 진짜 토론〉이라는 부제까지 딸린 심야토론이었다.

여당과 야당 국회의원, 교수와 언론인이 토론자로 나왔다. 한 시간 이상 서로 열을 내서 말을 주거니 받거니 했다. 그 말이 그 말이었다. 어쩌다 방송 토론 프로그램을 보게 되면 방송토론이라는 것은 '토론을 가장한 무익한 싸움'이나 '싸움을 가장한 무익한 쇼'에 불과하다는 생각을 하게 된다.

토론의 생산성은 서로 다른 가치관을 가지고 있다고 하더라도 토론을 통해 상황이나 문제에 대한 현실 인식을 넓히고 공통의 해결 방법을 모색하는 데 있다. 그러기 위해서는 상대방의 말에 귀를 기울이고 합리적이고 공정한 견해를 받아들이는 열린 사고가 필요하다.

방송토론에 등장하는 사람들은 상대방의 논리나 주장에 전혀 귀 기울이지 않고 오로지 자신의 논리나 주장을 반복한다. 입장에 변함이 없는 또는 입장을 조금도 바꾸지 않는 사고가 닫힐 대로 닫히고 굳어질 대로 굳어져 있다. 상대방의 말을 전혀 듣지 않고 대립각을 세움으로써 상대방을 공격한다. 그들이 내세우는 논거는 대부분 신문기사 정도에서 벗어나지 못할 정도로 가치관이나 철학이 비어있다.

방송토론의 제작자는 "방송토론은 양쪽이 싸우는 것을 보여줄 뿐 심판은 시청자들의 몫"이라고 주장할지도 모른다. 그럴 수도 있다. 그러나 민주사회의 토론은 열린 사고를 통

해 공동의 인식이나 방법을 찾는 가장 기본적이고도 중요한
과정임을 잊어서는 안 될 것이다.

# 희생자들

최근 예비군 사격장에서 한 예비군이 함께 훈련을 받던 예
비군들을 총으로 쏘고 자살한 사건이 있었다. 밤에 공원길을
산책하던 중에 아내에게 이에 대해 글을 쓸까 한다고 말했더
니 아내가 한 마디 던진다. "그런 우울한 주제에 대해 글을
쓰려고?" 대화가 이어졌다.

"오늘 점심때 우연히 그 사건이 화제에 올랐어. 그런데 가
해자에 대해서만 이야기되고 피해자들이나 그 가족들이 겪
는 고통에 대해서는 아무도 제대로 언급하지 않는 것 같아서
야."

"어떤 이야기가 나왔는데요?"

"피해자들은 제쳐두고 가해자를 벼랑 끝에 내몰린 사람처
럼 이야기하더라고."

"벼랑 끝에요?"

"살아가기 힘들다는 거겠지. 갈수록 살아가기 힘드니까 앞으로 이 같은 일이 점점 많아질 것이라는 이야기도 하던데."

"정신질환자 아니었나요? 자신이 살아가기 힘들다고 무고한 사람들을 죽여서야 되겠어요?"

"피해자들은 무고할 뿐 아니라 희생자들이야. 피해자들의 가족들은 얼마나 고통을 받겠어? 날벼락이지. 국가와 사회가 피해자들에 대해 책임을 져야지."

"세월호 희생자들처럼?"

"예비군훈련 소집에 응해 입소했다가 희생됐잖아. 세월호 희생자들보다 국가와 사회가 더 무거운 책임을 져야 한다고 생각해."

"그런데 방송이나 신문에서는 피해자들 이야기를 거의 다루지도 않던데."

"그게 이 사건에 대해 정부나 언론의 인식에 문제가 있다는 거야. 피해자들이 공무 중 순직하거나 부상을 당한 것이므로 당연히 피해자들의 이름을 밝혀 그 희생을 기려야 하는데도 마치 일반적인 범죄 피해자들과 같이 취급해서 피해자들에 대해 이름조차 밝히지 않고 있는 거야. 그런 잘못된 방침에 맹목적으로 따르는 언론도 마찬가지고."

"피해자 유족들이나 부상당한 피해자들이 자신들에 대해 밝히기를 원하지 않아서가 아닐까요? 또 당신이 변호사이니 알겠지만 사생활보호나 피해자의 인격권이라는 말도 있잖아요."

"피해자나 그 가족들이 아픈 기억이 반복되는 것을 원하지 않았을 수도 있겠지. 그렇지만 정부가 피해자들을 공무 중에 다치거나 순직한 희생자라는 점을 명확하게 했다면 피해자 본인들이나 피해자 가족들이 피해자들에 대해 공개하는 것을 회피하지는 않았을 거야."

"미국이나 유럽에서는 범죄나 테러의 희생자들을 기리는 모습을 많이 볼 수 있잖아요. 희생 장소를 공개하기도 하고요. 언론에서도 이들에 대해 많은 관심을 기울이고요."

"범죄 행위의 원인을 따지는 것도 중요하지만 피해자들의 죽음이나 부상이 헛되지 않기 위해서는 정부나 사회가 피해자들의 고통을 위로하고 그들의 희생을 기리는 것이 필요해."

"여보, 그게 이 나라에 살고 있는 우리가 해야 할 일이네요."


오월의 저 높은 밤하늘에 별들이 반짝인다.

여름

# 메르스

늦가을 육군병으로 입대해 전방의 어느 부대에 배치되었
다. 군대에서의 첫 겨울은 내게 유난히 길고 춥게 느껴졌다.
80년대 당시 부대는 겨울 난방을 위해 석탄을 사용했다. 매
일 창고에서 막사까지 무거운 석탄을 들것으로 옮겨야 했다.
일병들이 한 주간씩 교대로 그 일을 하였는데 나는 석탄을
나르다가 그만 허리를 다쳤다. 군화의 끈을 매지 못할 정도
여서 가평군 청평면에 있는 육군 59병원에서 한동안 통원치
료를 받았다. 처음 병원으로 갈 때에는 소문처럼 그곳도 군
대여서 치료 전에 군기를 잡는 것이 아닌가 하는 걱정을 했
었다.

그곳에서 많은 군인들이 치료를 받고 있었다. 사병도 환자
로 대우하는 병원이었다. 군의관도 의사로서 진료했다. 다

친 경위나 잘잘못도 따지지 않았다. 병원으로 가는 길은 아름다운 겨울 풍경이 영화 화면처럼 달리는 버스 앞에 펼쳐졌다. 군용점퍼 속에 솔제니친의 자전적 소설 『수용소 군도』를 넣고 통원치료를 다녔지만 눈이 흩날리는 가도(街道) 풍경에 책 읽을 생각을 잊어버리곤 했다. 삭막한 부대를 나와 병원에 가는 것은 내게 새로운 공기를 마시는 것처럼 가슴 설레는 일이 되었다.

군대에서 통원치료를 받으면서 치료의 평등함에 고무되었다. 누구나 병에 걸릴 수 있고 병에 걸린 사람은 누구나 환자로서 치료받아야 한다는 생각을 가졌다. 환자를 치료하는 의사라는 직업에 대해서도 경의(敬意)를 품었다.

그 이후 많은 세월 동안 감기와 몸살 같은 사소한 것들과 한때 자전거를 타면서 입은 찰과상이나 타박상으로 동네 의원에서 치료를 받았고 인라인 스케이트를 타다가 쇄골을 부러뜨려 병원을 찾은 적이 있었다.

오래전 건강검진으로 대학병원에서 위 수면내시경을 받을 때의 일이다. 수면제의 사용으로 의식이 희미해진 상태에서 여의사가 내시경 호스를 내 목 안으로 밀어 넣는 것이 느껴졌다. 그와 동시에 날카로운 말이 내 귀에 꽂혔다.

"이게 왜 안 들어가?!"

여의사가 목구멍 안으로 호스를 밀어 넣으면서 짜증스럽게 내뱉는 말이었다. 이어 호스가 세차게 목구멍을 몇 번 치면서 들어왔다. 마음속에 분노가 치밀었다. 그러나 마취로 몸을 움직일 수도, 말할 수도 없었다. 수면에서 깨고 난 뒤 그 의사에게 따지고 싶은 마음을 진정시켜야 했다. 하지만 다시는 이따위 건강검진을 받지 않겠다고 생각했고 그 이후 나는 두 번 다시 건강검진을 받지 않았다.

쇄골을 수술할 때도 비슷한 경험을 했다. 수술 받고 난 후 수술의사가 바뀌었다는 사실을 알게 됐다. 절개 부위도 수술 전에 말한 것보다 훨씬 넓었다. 법적으로 문제 삼을 생각도 했지만 이미 되돌릴 수 없는 일었고 계속 치료를 받아야 했기 때문에 또다시 마음을 달랬다.

부정적인 기억은 훨씬 오래 간다. 나는 병원에 가기를 꺼린다. 병원에서 물건처럼 취급받고 싶지 않다. 병에 걸리더라도 가급적이면 참을 수 있는 한도까지 그냥 견디려고 한다. 사실 빨리 치료를 받았더라면 좋았을 경우도 많았겠지만 말이다.

메르스로 온 나라가 불안하다. 정부의 무능하고도 형식적인 초기대응을 질타하는 목소리가 높다. 메르스 감염환자가 발생한 병원들에 대한 정보를 숨겼다가 뒤늦게 공개하기도 했다. 보건당국이 병원의 이익보다 공중의 건강에 대해 제대로 인식하고 있는지 의문스럽다. 메르스와 같은 전염성 질병은 누구라도 걸릴 수 있고 누구라도 치료받아야 한다. 공중보건당국은 전문가 집단과 같은 경직성과 폐쇄성에 사로잡혀 있을 것이 아니라 누구라도 쉽게 알고 접근할 수 있는 투명한 메르스 대응책을 내놓아야 할 것이다.

# 병원

메르스 전파와 관련한 보도에는 환자들이 여기저기 병원을 옮겨 다니며 진료를 받는다는 내용이 들어 있다. 하루에 몇 군데 병원을 간다고 한들 본인 부담금은 얼마 되지도 않고 새로이 진료를 받는 데도 아무런 장애가 없기 때문이다.

생명이나 건강에 직결되는 치료나 수술을 결정해야 할 때는 사실 최소한 두세 곳의 병원에서 검진을 받아보아야 한다. 의사에 따라 환자의 상태를 전혀 다르게 보는 경우가 왕왕 있기 때문이다. 더구나 일단 수술을 받거나 치료에 들어가면 의사나 병원을 바꾸기란 거의 어렵기 때문이다. 심사숙고해서 수술여부나 수술병원을 결정해야 한다.

아내가 스키를 타다가 무릎 인대가 파열됐다. 아는 의사를 통해 그쪽 분야의 의사를 찾았다. 대학의료원의 그 의사는 인대재건술을 반드시 받아야 한다고 강권하다시피 했다. 주변에는 인대재건술을 받고도 후유증에 시달리는 경우도 있었다. 아내는 수술을 망설였다. 다른 대학병원의 의사를 찾았다. 다행스럽게도 이 병원의 의사는 당장 수술하지 않아도 되니 재활운동을 하면서 경과를 지켜보자고 했다. 아내는 의사가 시키는 대로 집과 헬스장에서 열심히 운동을 했다. 그 결과 약 7, 8개월이 지나자 수술이 필요 없을 정도로 좋아졌다는 진단을 받았다.

그런데 문제는 수술 여부 등에 대한 신중함이 아니라 불필요하게 여기저기 병원을 찾아다니는 데 있다. 거기다가 의료실비보험이나 상해보험이라도 들어있으면 아예 병원을 순례하기도 한다. 병원 또한 이런 환자들을 마다하지 않는다. 아니 오히려 환영한다. 이런 병원 순례는 환자 본인에게는 물론 전체 의료시스템에도 바람직하지 않다. 병원 내 감염 가능성만 높인다.

메르스 사태를 겪으면서 많은 사람들이 병원 간의 의무기록 공유의 필요성을 제기하고 있다. 은행들은 신용기록을 공유하는데 왜 병원들은 환자의 의무기록을 공유하지 않는 것일까. 환자의 인권 때문만이 아니다.

우리나라 의료제도는 병원들의 박리다매를 구조화하고 있

다. 짧은 시간에 많은 환자를 보고 여러 가지 검사로 수입을 올린다. 다른 병원의 검사결과를 이용할 이유가 없다. 은행은 은행의 이익을 위해 고객의 신용기록을 공유하고 병원은 병원의 이익을 위해 진료기록을 공유하지 않는 것이다.

일본의 의사 곤도 마코토는 『의사에게 살해당하지 않는 47가지 방법』이란 제목의 책에서 의사들은 살아남기 위해서 최대한 많이 환자를 만들고 최대한 많이 검사를 받도록 하고 최대한 많은 약을 처방할 수밖에 없다고 말한다. 그는 그렇기 때문에 병원에 자주 가는 사람일수록 빨리 죽는다고 아예 단언한다. 암 검진, 암 수술은 물론 약의 폐해에 대해서도 경고한다.

그의 주장이 모두 맞는지 여부에 대해 확실하게 알 수 없지만 의료소송을 통해 의무기록을 받아보면 의사가 입원환자에게 투약하는 약의 분량은 상상을 초월한다. 특히 수술의 경우 몸에 약을 퍼붓는다고 해도 과언이 아니다. 내 의뢰인 중에는 교통사고로 병원에 입원하였다가 수술 후 다량의 이독성(耳毒性) 항생제 사용으로 청력이 완전히 손상된 경우도 있었다. 그는 병원을 상대로 손해배상소송을 했지만 법원은 그 항생제의 사용이 필요했고 청력손상은 항생제의 어쩔 수 없는 부작용일 뿐이라는 병원의 주장을 받아들여 그에게 쥐

꼬리만 한 금액만 배상하게 했다.

곤도의 표현을 빌리지 않아도 메르스로 얻은 가르침은, 필요한 때 외에는 의원이나 병원을 편의점 가듯 가지는 말아야 한다는 것이다.

# 걷기, 그 매혹적인 행위

걷는 것은 매혹적이고도 아름다운 행위이다. 자연 속의 동물들이 보여주듯이 활기차고 우아한 몸짓이다. 출퇴근 때 거리로 쏟아진 사람들이 걸어가는 것을 보라. 앞을 향해 한 발씩 내딛는 걸음에 삶의 무거움과 가벼움이 극적으로 드러나지 않는가.

삶의 가장 충만한 순간은 우리가 가장 많이 걷거나 걷고 있는 때일 것이다. 사랑하는 이와 함께 설레는 마음으로 걷거나 친구들과 어울려 여기저기 호기심에 가득 차서 무한정 걷는다. 홀로 생각에 잠겨 걷거나 무심히 두 다리를 움직여 걷는다. 누군가와 대화를 나누면서 걷거나 여러 사람들과 동반하여 걷는다. 우리는 걸어가면서 자신과 세상과 가장 친근하게 존재하는 건지도 모른다.

성장(成長)은 걷는 것과 함께 시작한다. 아이가 두 발로 일어나서 첫 걸음을 뗄 때 비로소 세상을 향해 나아가는 것이다. 걸음으로써 육체의 성장뿐만 아니라 시각을 통해 사물과 교감하는 범위가 확장되면서 전향적인 정신의 성장을 이룬다. 걷기는 무엇보다 사고의 자유를 낳는다. 자유로운 걷기를 통한 위대한 성취의 예를 18세기 프랑스 사상가 루소에게서 볼 수 있다.

그는 16살 때부터 유럽 대륙의 여기저기를 오로지 걸어서 돌아다녔다. 그는 숲과 들판과 농촌과 도시와 변두리를 걸으면서 얻은 생각들로『인간불평등기원론』이나『에밀』,『사회계약론』등 자연권 사상을 담은 저서들을 내놓았다.

『걷기의 역사』를 쓴 리베카 솔닛은 거리를 걷는 것은 단순히 걷는 행위에 그치지 않고 사물에 대해 열려 있는 마음을 갖는 행위이며 사회에 관여하는 행위라고 한다. 리베카는 걷는 과정에서 길 잃기를 찬양한다. 버지니아 울프의 에세이『거리 떠돌기―런던 모험』에 나오는 것과 같이 미지(未知)에 대해 열려 있는, 의도적인 길 잃기를 말한다.

주변에도 걷기를 사랑하는 사람들이 적지 않다. 이들 중에 걸어서 출퇴근하는 이들도 있다. 아침의 고요한 공기를 마시고 저녁의 선선한 공기를 마시며 걸을 수 있으면 좋으련만 사실 출퇴근할 때 차량들로 이어지는 차도 옆을 걸어가는 것은 쾌적한 일만은 아니다. 사람이 다니라는 길인지 알아서 피하라는 것인지 장애물이 여기저기 있기도 하고 보도블록이 울퉁불퉁하게 삐져나와 있기도 하다. 건물 쪽에서부터 도로 쪽으로 경사지기도 하고 좁은 인도 한가운데 나무들을 심어 놓기도 한다. 이런 인도를 걷노라면 정신이 번쩍 들지 않을 수 없다.

걷기를 방해하는 것은 이것뿐만이 아니다. 사람이 걸을 만한 곳에 이미 차들이 주차되어 있기도 하다. 남은 공간마저 또 다른 차가 들어와 차를 피하기에 급급해진다. 차들이 없는 골목길, 그 조용하고 평화로운 골목길은 이제 사라져버렸다. 매연도 피할 수 없다. 골목길이든 대로변이든 끝없이 차들이 지나가면서 우리 옆에 보이지 않는, 그러나 폐를 뒤흔드는 매연을 내뿜는다.

많은 사람이 걷기를 갈망한다. 그러나 도시에서 걷기는 수고로운 일이 되었다. 사람들은 거리에서의 걷기를 포기하고 주말 산행에 나서기도 한다. 나도 가끔 산행에 나선다. 얼마 전에는 한라산 백록담을 다녀왔다. 숲이 이어지는 아름다운 길을 많은 사람들이 걷고 있었다. 숲길을 비처럼 소리 내며 부딪히는 바람을 맞으며 걸었다. 걷는 것이 행복하기도 하고 앞뒤로 많은 사람들이 함께 걸어 마치 고요한 도심을 걷는 것 같았다.

걷는 것, 혼자 또는 함께 걷는 것, 사랑하는 사람들 또는 익명의 사람들과 함께 걷는 것, 두 발로 몸을 세우고 힘차게 떨치며 걷는 것, 그것이 도시를 걷는 것이든 주말의 산행이든 목적지를 두고 걷든 여기저기를 배회하든 뜨거운 태양 아래를 걷든 나무 그늘 아래 또는 빗속을 걷든 낮은 곳이든 높은 곳이든 세상과 함께하는 일이다.

# 권력

    변호사를 하다 보면 권력을 가진 사람과 그 권력의 앞에 선 사람들의 행태를 거의 매일 목도(目睹)한다. 짐작하시겠 지만 변호사에게 권력자(權力者)는 판사와 검사이며 그 앞에 선 피권력자(被權力者)는 피의자, 피고인이다. 진짜 권력자 는 대통령, 총리, 장관, 국회의원, 공기관의 수장, 고위관료 들이지 않느냐고 반문할 수 있다. 물론 그들도 진짜 권력자 다. 국가예산 곧 엄청난 돈과 사람을 쓸 수 있는 권한을 가지 고 있을 뿐만 아니라 개인과 기업의 이해(利害)와 직결되는 규제와 지원에 관한 각종 결정권도 가지고 있다.

    그러나 내가 늘 보고 겪는 사법(司法)의 권력자에 대해 언 급하고자 한다. 사법권력자인 판사와 검사는 그들 앞에 서 는 피의자, 피고인 개인에 대해 구속 여부, 처벌 여부, 형량을 결정한다. 극단적인 경우 사람의 운명까지도 바꾸어 버린다. 형사뿐만이 아니다. 민사재판에서도 원·피고 간에 돈, 권리, 지위, 이혼 여부를 결정한다. 물론 판사나 검사의 결정은 법과 사실에 근거한다. 문제는 법이나 사실이 늘 하늘의 해처럼 밝거나 바위처럼 단단한 게 아니라는 것이다.

모든 판사나 검사가 그렇지는 않지만 권력에 취한 판사와 검사는 독선적인 사람으로 변하고 전형적인 권력자로서의 모습을 보인다. 자신의 권위에 반하는 듯한 행위를 하면 그들 앞에 선 사람에게 매우 과민하게 반응한다. 사실 독선적인 권력자일수록 주변의 비판에 과민반응을 드러낸다. 이는 예로부터 권력자의 속성인지도 모른다.

재판이나 수사를 받는 사람들로서는 판사나 검사의 과민반응이 결국 불리한 재판이나 수사결과로 이어지는 것이 아닌지 두려워할 수밖에 없다. 사법권력 앞에 서는 사람은 거의 대부분 권력자의 뜻을 거스르거나 권력자보다 큰 목소리를 내기 어렵다. 오히려 눈앞의 이익을 생각하면(반드시 보장되는 것도 아니지만) 그리고 불이익을 생각하면(거의 반드시 예상되므로) 권력자에게 영합하려 한다.

사법권력자뿐만이 아니다. 모든 권력자 주변에는 반드시 아부와 아첨에 능한 사람들이 득세하고 자리 잡게 된다. 이렇게 권력자를 유난히 떠받드는 자들은 거꾸로 권력을 가지지 않는 자들에게 매우 혹독하다. 재판을 받다 보면 유난히 판사나 검사에게 굽실거리는 사람들이 법정 밖으로 나오자마자 바로 상대방이나 변호사에게 눈을 부라리는 것을 보게 된다.

권력 앞에서도 극히 그 수가 적지만 고개를 드는 사람도 있다. 모든 사람들이 고개를 숙이고 있는데 혼자 고개를 들고 있는 사람에 대해 권력자는 기억하고 반응한다.

이미 이천 년 전 고대 중국의 권력자 중의 권력자인 한무제(漢武帝)는 흉노와 싸우다가 포로가 된 이릉(李陵)을 신하 사마천(司馬遷)이 옹호하자 무제는 궁형(宮刑)에 처했다. 직언을 하자 아예 남자구실을 못하도록 만든 것이다. 사마천은 수치를 딛고 저술에 몰두하여 『사기(史記)』를 완성했지만 말이다.

근래 청와대는 유승민 새누리당 원내대표에게 원내대표직 사퇴를 요구하고 있다. 청와대가 '배신의 정치'라는 수사를 써가면서까지 사퇴를 요구하는 것은 과민반응이라고 하지 않을 수 없다. 여당 의원총회에서 원내대표로 선출된 유 원내대표가 청와대에 비협조적이기 때문에 원내 대표직에 있어서는 안 된다는 논리는 삼권분립원칙에도 어긋난다.

유 원내대표는 박근혜 대통령의 한나라당 대표 시절 비서실장을 역임했다. 박근혜 대통령을 아끼고 지지하는 대구지역의 국회의원이다. 그런 그가 청와대에 비판적이면 얼마나 비판적이겠으며 비협조적이면 얼마나 비협조적이겠는가. 더구나 그는 청와대가 사퇴를 요구하자 고개를 숙였지 않는가.

# 「혹리열전(酷吏列傳)」

최근 박근혜 대통령은 총리인사를 통해 부정부패에 대한 개혁(改革)과 사정(司正)을 지속적으로 추진하겠다는 뜻을 밝혔다고 한다. 지금까지 대한민국의 경찰이나 검찰이 무능해서 부정부패가 존재하고 정치개혁이 되지 않은 것은 아니다. 적지 않은 사람들이 검찰수사를 받으면서 자살하기도 하고 중형을 선고받기도 하고 병이 들어도 감옥에서 나오지도 못하고 가석방 제도마저 날이 갈수록 엄해지고 있다. 이런 분위기에도 불구하고 이 나라 공무원의 부정부패가 끊이지 않는 이유는 무엇인가.

이천여 년 전 중국의 사가(史家) 사마천(司馬遷)은 그의 책 『사기(史記)』에 「혹리열전(酷吏列傳)」을 두었다. 혹리(酷吏)는 무엇인가? 가혹하고 혹독한 관리이다. 혹리열전에 등장하는 전한(前漢) 전기(前期)의 혹리들은 하나같이 냉혹하고 위세 부리기를 좋아했다. 이들은 언제나 법을 전면에 내세우고 무자비하게 시행했다. 서민은 말할 것도 없고 고관이나 귀족이 걸려들어도 가차 없이 처벌하여 위세를 떨쳤다. 혹리 가운데 조우(趙禹)라는 자는 관리들로 하여금 다른 사람의 범죄사실을 보거나 알고 있으면서도 이를 신고하지 않으면 죄지은 자와 같이 처벌하는 견지법(見知法)을 만들었는데 이로 인하여 관리들이 서로 돌아가면서 감시하게 되어 법 집행이 더욱 가혹해졌다.

혹리들은 종종 청렴하고 유능한 것으로 인정받아 출세가도를 달렸다. 군주의 속마음을 살피고 군주에게 충성한 반면 백성들을 해치는 일을 서슴지 않아 이들이 나타나면 사람들은 제대로 서있기조차 어려웠다. 사마천은 날카롭게 비판한다. 혹리들이 가혹하게 법을 집행하여 한 일이라고는 결국 일시적인 치안을 도모한 것에 지나지 않고 오히려 사회를 각박하게 만드는 결과만 가져왔다는 것이다.

오늘날에도 사정이 별반 다르지 않다. 법을 가혹하게 집행하는 공직자들은 공직의 위세를 마치 제 것인 양 부린다. 이들이 이름을 떨치고 출세가도를 달리는 것은 예나 지금이나 마찬가지다. 2천 년 전의 혹리가 가혹한 법 집행으로 자신의 이름을 떨쳐 출세의 발판으로 삼았던 것과 크게 다르지 않다.

공직사회의 부정부패는 장기적인 유착관계로 인하여 은밀하게 이뤄지기 때문에 일시적인 사정과 처벌은 위세만 떨칠 뿐 효과는 거의 없다. 부정부패를 줄이기 위해서는 공직을 치부의 수단으로 삼지 못하도록 공직자와 그 가족, 친인척들의 부정한 재산 증식을 감시하는 것이 훨씬 중요하다.

국가 예산의 책정이나 집행 과정에서 국민의 혈세인 돈이 부당하게 또는 불법적으로 유출되는 것을 방지해야 한다. 국가 예산의 모든 단계를 줄기부터 가지까지 세심하면서도 다면적으로 확인하고 점검하고 각 단계마다 공정하고도 정밀하게 국가 예산이 집행되어야 할 것이다.

검찰과 법원은 전체 범죄행위 가운데 드러난 극히 일부분에 해당하는 범죄행위만을 다룰 뿐이다. 범죄를 처벌한다고 해서 모든 범죄가 처벌되는 것도 아니고 모든 범죄를 막을 수 있는 것도 아니다. 이러한 이유 때문에 범죄통계가 보여주듯이 범죄는 끝없이 이어지고 생성된다. 정권마다 사정과 처벌을 앞세우지만 결과적으로 혹리들만 날뛰게 만들 뿐이다. 혹리의 출현은 부국안민(富國安民)과는 거리가 멀다.

대형 사고에다가 서민경제마저 어려운 상태이다. 정부는

형사법의 가혹한 시행을 전가(傳家)의 보도(寶刀)처럼 사용해서는 곤란하다. 사정과 처벌을 내세우기보다는 국리민복에 모든 에너지를 쏟아야 한다.

# 하루를 마치며

퇴근 무렵 피로가 물밀듯 밀려온다. 바깥을 내다본다. 이미 해가 지고 있다. 햇빛은 아직 하늘에 떠돌고 있지만 지는 해는 고층 건물에 보이지 않는다. 퇴근 무렵까지 작성하던 준비서면을 저장한다. 마무리를 다하지 못했지만 마음에서 털어버린다. 조금 일찍 사무실을 나서려고 하였으나 이것저것 서류를 작성하고 재판내용을 확인하다 보니 벌써 어둑하다. 직원들은 이미 퇴근했다.

창문을 닫는다. 오후에 있었던 조정(調停)사건에 대한 기억이 떠오른다. 원·피고와 양쪽 변호사, 판사가 1시간 30분 이상 머리를 맞대고 협의를 했지만 결국 다시 조정기일을 잡아야 했다. 의뢰인은 상대방이 거짓말을 하고 있다고 분개했다. 내일 있을 형사재판도 마음에 걸린다. 소송결과에 목을 매는 의뢰인들이나 교도소와 구치소에 수감돼 재판결과를 기다리는 의뢰인들을 생각하면 그들과 똑같이 답답한 마음이 된다.

집에 전화를 한다. 둘째가 전화를 받아 밝은 목소리로 "아빠, 빨리 와~"라고 말한다. 짐을 벗어놓듯이 생각을 놓고 일어선다. 사무실 창문을 닫고 불을 끄고 나온다. 주차장에서 차를 꺼낸다. 도로에는 밀려나온 승용차들이 줄을 잇고 있다.

집으로 간다. 멀리 있던 하늘이 차창으로 다가온다. 아파트 단지와 건물들 사이의 도로 위로 노을이 비친다. 퇴근하는 이들이 각자 자신의 집으로 가고 있다. 퇴근 길 인도를 걷는 사람들과 차도의 차량 행렬이 함께 빚어내는 정경이 마음에 따뜻하게 다가온다. 빛과 어둠이 교체하듯이 해가 지면서 여린 푸른빛이 길 위로 내려앉는다. 위안처럼 부드러운 어둠이 깔리고 있다.

아파트 주차장에 들어선다. 엘리베이터를 타고 현관 앞에 내린다. 문을 연다. 아이들이 인사를 한다. 저녁을 해놓고 기다렸다는 아내의 투정도 함께 받는다. 잠시 후 식사를 하고 밤 8시 TV 뉴스를 본다. 아파트 뒤쪽 길을 지나 동네 근처 운동장으로 산책을 나간다. 흙길을 걷는다.

아내가 "저기 하늘 좀 봐요."라고 놀란 듯이 말한다. 큰 별 두 개가 푸른빛으로 가득한 서쪽 밤하늘에 가까이 붙어 있었다(집에 와서 인터넷으로 찾아보니 금성과 목성이었다). 별빛이 가로등처럼 환하게 빛나 하늘의 밤길을 밝혀 주는 것 같았다. 많은 사람들이 멈추어 서서 밤하늘을 보았다. 땅에서 저 두 별을 바라보는 사람들은 그때 신비롭고 환하고 무언가 탁 트인 마음에 사로잡혔을 것이다.

산책에서 돌아와 아내와 이야기를 나누다가 잠시 TV를 보기도 하고 책을 뒤적이기도 한다. 아이들도 잠들고 어둠이 짙어지고 이웃 아파트의 불빛도 하나둘 꺼진다. 나는 베란다 창문을 열고 산 쪽에서 내려오는 바람을 맞는다. 거리에도 밤이 찾아왔다. 가로등이 나뭇잎들을 비추는 길을 내려다본다. 멀리 하늘과 산도 침묵의 어둠 속에 잠겼다.

하루를 마치는 때이다. 잠자리에 든다. 잠시 뒤척이는 동안 오늘 있었던 일과 내일 있을 일에 대해 떠올리기도 한다. 오늘 하루가 오늘 하루이면서도 과거와 미래의 연속이듯이 이 밤은 무수한 밤의 흐름 가운데 있다. 오늘 하루는 나무들이 숲을 이루듯이 나의 삶을 다른 삶들과 함께 존재하게 하며 다른 삶들과 이어져 세상을 이루게 한다. 이런 생각 속에 어느새 잠에 빠진다.

# 방송의 유령

어느 날 늦은 밤에 잠시 TV를 켰다. KBS, MBC, JTBC 등의 지상파 방송이나 종편 채널이나 많이 본 듯한 인물들이 나와서 비슷한 수준의 잡담 같은 것을 하고 있다. TV 채널을 돌려도 그게 그거였다.

방송을 자주 보지 않지만 때때로 TV를 켜면 늘 나오던 얼굴의 연예인, 개그맨, 진행자들의 늘 하던 말들이 거기에 있다. 그들은 하나같이 즐거운 표정을 하고 즐거운 잡담을 이어간다. 그들은 막간의 대기업 광고방송에도 어김없이 등장하여 한결 행복한 표정을 짓는다(광고에 나오는 물건을 써서 행복한 것이 아니라 광고 수입 때문에 행복하다는 것은 우리도 안다).

토론이나 그것과 비슷한 프로그램도 마찬가지다. 늘 나오

여름 · 105

던 얼굴의 무슨 교수, 국회의원, 언론인, 평론가 등등의 출연자들이 늘 하던 것처럼 익숙하게도 마구 떠든다. 어디선가 본 것 같은(신문에서 보았던가?) 내용의 말을 자기 생각처럼 늘어놓는다.

아내가 보는 드라마들도 내게는 늘 같은 사람들이 나오는 것 같다. 아니, 새로운 사람이 나오더라도 대부분 얼굴조차 비슷하고 말투도 비슷하다. 사람이 비슷할 뿐만 아니라 연기도 비슷하다. 연기뿐만 아니라 드라마 속의 사고방식이나 태도도 비슷하다.

주인공은 주인공대로 비슷하고 악역은 악역대로 비슷하다. 방송에 나오는 재벌은 더욱 심하여 사고방식이나 태도가 하나같이 똑같다. 재벌 집들은 같은 세트를 사용해서인지 집 모양조차 차이가 없다. 잠자리에 들면서도 실크 같은 잠옷을 입고 이불 속으로 들어가는 것도 똑같다.

드라마에 나오는 가난한 사람들은 하나같이 착하고 인정 있다. 드라마 속의 가난한 주인공은 가난하지만 차림새도 깨끗하고 용기도 있고 능력도 있다. 무엇보다 잘생기고 예쁘다. 가난하더라도 런닝 셔츠 하나만 걸치고 자지 않는다. 늘 잠옷을 갖춰 입고 잠자리에 든다.

이 나라는 돈과 전파를 이런 비슷한 잡담과 비슷한 드라마를 만드는 데 쏟아 붓고 있다. 현실을 보기 좋게 분칠하는 데 쓴다. 그것이 우리 눈과 귀를 즐겁게 하는 것은 맞다. 그러나 우리 현실은 방송처럼 즐겁고 행복하지 않다. 현실은 즐거운 것만 보고 듣고 살 수 있는 그런 것이 아니다.

방송은 우리의 눈과 귀를 즐겁게 만들기 위해 끝없이 꾸며댄다(시청률 때문인가?). 이미 얼굴이 알려진 연예인 또는 그와 비슷한 사람, 개그맨, 가수, 목소리 큰 방송인(?) 등이 늘 출연한다. 편리하게 각색할 수 있는 사람들이 방송 화면도 독점하고 광고도 독점한다. 방송은 이들을 무슨 국민여동생, 국민오빠, 국민삼촌, 국민이모, 국민언니 등등 모두 국민~라고 이름 붙이기도 하고 꽃보다 누나, 남자, 청춘, 할배라고 부르기도 한다.

우리 방송은 꾸며진 천국이다. 소수의 무대이다. 부분만 보이는 왜곡된 허상으로 채우고 늘 헛된 희망과 꾸민 생기에 초점을 맞추는 가짜이다. 삶의 냄새가 없는 유령과 같다. 한국에 온 결혼이주여성들은 하나같이 한국의 방송드라마를 보고 한국 남자들이 다 방송에 나오는 사람들과 비슷하게 잘생겼고 예의바르고 크고 좋은 집에서 사는 것으로 생각했다고 한다.

우리 방송은 왜 현실과 거리가 멀까. 오랜 군사독재 시절의 잔영이 아직 남아 있듯이 그때의 관제주의가 아직 남아 있듯이 진실에 마주하기를 두려워하고 주저하는 무의식이 아직도 유령처럼 남아 있는 것일까. 이제 우리 스스로 방송의 허상(虛像)에 대해 생각해야 할 때이다.

# 죽은 자의 고백

2천여 년 전 고대 이집트에서는 죽은 이의 관에 한 뭉치의 파피루스를 던져 넣었다. 죽은 자의 고백, 기도문 등이 적힌 '사자(死者)의 서(書)'이다. 죽은 이는 명계(冥界)의 신 오시리스 앞에서 생전의 행위에 대해 사후세계의 심판을 받는다. 사자의 서는 바로 이 심판의 근거로 사용하는 진술이자 고백(告白)이다.

'나는 남의 물건을 훔치지 않았으며 아이들과 성관계를 맺지 않았으며 남의 땅을 빼앗지 않았으며 가축들을 학대하지 않았으며 저울추를 속이지 않았다' 등의 내용이 담겨 있다. 죄를 부정(否定)하는 방식으로 고백을 하므로 '부정적 고백(Negative confession)'이라고 불린다.

고백이 끝나면 최후의 심판 과정을 거친다. 양심을 상징하는 죽은 이의 심장과 진리를 상징하는 여신 마아트의 깃털을 천칭저울의 양쪽 접시 위에 각각 올린다. 저울이 균형을 이루면 죽은 자는 영생을 얻고 저울이 죄로 무거운 심장 쪽으로 기울면 죽은 이의 심장을 괴수가 먹어치운다는 이야기다.

역사가들은 부정의 고백을 다르게 본다. 죽은 이에게는 부정(否定)의 증거일지는 모르지만 오히려 당시 이집트에 그와 같은 일들이 만연했음을 보여주는 인정(認定)의 증거라는 것이다. 당시 절도가 자주 일어나지 않았다면 죽음에까지 이른 자가 굳이 나는 절도를 하지 않았다고 선언할 필요가 있겠느냐고 반문한다.

고백이 언제나 진실을 담는 것은 아니다. 범죄에 대한 자백조차 거짓인 경우도 있다. 왜 자신이 짓지도 않은 죄를 거짓 자백하는 것일까. 그것은 더 큰 범죄를 숨기기 위한 것일 수도 있고 스스로 혼돈 속에 놓여 있는 것일 수도 있고 강압에 의한 것일 수도 있다.

죽음으로써 하는 고백도 마찬가지다. 자신의 행위를 인정하는 자백이 아니라 자신이 행위를 하지 않았다는 부정의 고백이라면 죽음은 더 큰 의문을 일으킨다. 결백을 증명하는 것을 스스로 불가능하게 만들었기 때문이다.

우리는 매일 수많은 죽음을 전해 듣는다. 범죄를 저지른 것으로 의심 받는 사람들이 결백을 주장하며 자살하기도 한다. 최근 국가정보원 직원이 해킹 프로그램 도입 및 운영 등과 관련해 내부 특별감찰을 받던 중에 결백을 주장하는 유서를 남기고 자살하는 사건이 불거졌다.

우리 사회는 자살이 빈번하다. 안타까운 일이지만 자살은 너무 흔한 뉴스가 되었다. 죽음을 생각하거나 죽음을 시도한다고 해서 인간이 더욱 현명해지지는 않는다. 오히려 많은 자살이 우울증 환자처럼 무거움과 두려움과 분노와 혼돈 속에 이뤄지는 것으로 보인다.

『역사의 연구』를 쓴 역사학자 아놀드 토인비는 자살을 죄악시하는 서양과는 달리 동양에 있어서는 불의에 저항한 충신과 열사의 자결과 같이 자살을 선택의 문제로 받아들였다고 전제한다. 하지만 남은 사람에게 고통을 안겨주는 자살까지 정당한 것으로 인정될 수는 없다고 말한다.

자살이 가족이나 주변 사람들 또는 자신이 속한 조직을 위한 선택이라고 생각하는 것은 착각이다. 더구나 결백을 주장하기 위한 자살은 올바른 선택이 아니다. 죽음이 진실을 삼켜버리기 때문이다. 자살은 이유가 무엇이든지 간에 삶을 하찮은 폐기물처럼 만들고 남은 사람들 특히 가족들에게 정신적인 외상을 입힌다.

삶과 죽음은 다른 것이 아니다. 고난의 시간을 꿋꿋하게 지키는 사람만이 죽음을 진실하게 맞이할 수 있다. 스스로 생명을 끊는 행위는 결코 미화되거나 합리화되거나 정당화될 수 없다.

# 불볕더위

불볕더위가 계속되고 있다. 낮에는 가만히 있어도 땀이 흐른다. 선풍기를 돌린다. 냉장고에서 수박을 꺼내 아이들과 함께 먹는다. 에어컨을 켜고 소설책을 들기도 하고 영화에 빠져들기도 한다.

가만~, 어릴 때에는 선풍기도 없고 에어컨도 없었는데 어떻게 여름을 보냈지? 오래도록 떠나 있는 고향에서의 옛 기억을 떠올린다.

여름날. 조용한 골목길. 산 아래 집들. 군청과 읍사무소. 읍내와 벌판을 경계로 삼아 이어지는 고운 모래가 반짝거리는 냇가. 유리처럼 맑고 투명한 물줄기. 저녁 무렵이면 바람을 쐬러 방천 둑길로 나오던 사람들.

읍내를 감싸는 내(川)는 상류에서 바위를 휘감아 급하게

여름 ·
113

흐르다가 하류로 오면서 넓어졌다가 좁아지기를 거듭하며 끝없이 이어진다. 하천을 가로지른 다리를 건너면 위로는 작은 산이 솟아 있고 아래로는 넓은 논이 펼쳐진다.

햇볕이 뜨거우면 친구들과 함께 하천으로 내달린다. 하천 바위 아래 제법 깊은 물속으로 뛰어든다. 발이 바닥에 닿지 않는다. 물놀이에 배가 고프면 산에 올라 아카시아 꽃잎을 입에 넣고 씹는다. 아삭하고 달큰하다. 온종일 놀다 와도 부모님은 나무라지 않는다. 해가 지기 전에 저녁을 먹고 밤이 되면 모기장 안에서 더위를 채 느끼기도 전에 잠에 빠진다.

여름은 동네 아이들끼리 어울려 여기저기 다니며 놀 수 있는 즐겁고 신나는 계절이었다. 고등학생이 되면서 여름방학에도 학교에 나가거나 더운 낮에도 공부를 하며 지냈지만 그때도 수건 한 장으로 땀을 훔치거나 어머니가 등목을 시켜주시면 더위가 금방 달아났다.

고등학교 국어시간에 중국의 대시인 두보(杜甫)의 한시 早秋苦熱 堆案相仍(조추고열 퇴안상잉) '이른 가을 찌는 더위에 서류더미 잇따르네.'라는 제목의 시 가운데 束帶發狂欲大叫(속대발광욕대규)라는 구절을 배운 적이 있다. 그때 '아니 날씨가 얼마나 더웠으면 발광하고 소리까지 내지르고 싶었을까'라는 생각에 웃음이 들었다.

그런데 세월이 지나 어른이 되어서 시를 다시 들여다보니 두보가 미칠 지경에 이른 것은 단순히 더위 때문만이 아니었던 것 같다. 시 일부이다.

束帶發狂欲大叫(속대발광욕대규) 관복 띠 두르니 미칠 것 같아 크게 소리치고 싶은데
簿書何急來相仍(부서하급내상잉) 장부와 문서는 어찌 이다지도 급히 몰려 잇따르나
南望靑松架短壑(남망청송가단학) 남쪽을 바라보니 푸른 소나무 작은 골짜기에 걸쳐있네
安得赤脚踏層氷(안득적각답층빙) 층층이 쌓인 얼음 어찌 맨발로 밟아볼 수 있을까

두보는 더위보다 쓸데없는 문서와 일들로 인해 미칠 지경이었던 것이다. 올 여름 더위가 더욱 무덥게 느껴지는 것도 단순히 폭염 때문만이 아닌 것 같다. 여름이 시작되면서 메르스로 온 나라가 소란스럽더니 이번에는 유통 재벌가 형제간의 볼썽사나운 경영권 다툼이 뉴스를 도배하고 있다. 그들이 형제지간 또는 부자지간에 돈을 둘러싸고 서로 물어뜯고 싸우는 것을 나무랄 수는 없다. 돈에 인생을 바친 사람들에

게 돈은 영혼과 같을 것이기 때문이다.

언론이, 특히 공영방송이 나서서 휠체어에 앉은 아흔이 넘은 아버지까지 등장하는 사기업의 경영권 다툼을 계속 메인 뉴스로 보도하는 행태에 대해서는 납득하기 어렵다. 그 기업이 국민기업도 아니고 그 재벌가 사람들이 빌게이츠처럼 자선이나 기부를 하는 인물도 아니지 않는가.

# 대법원 판결문의 어떤 논리

최근 형사사건의 수임에 따른 성공보수약정을 무효로 판단한 대법원 판결이 있었다. 판결문을 읽다가 성공보수약정 자체의 유·무효를 떠나 대법원 판결이 들고 있는 이유에 대해 의문이 일었다.

대법원은 성공보수 약정을 무효로 해야 하는 이유들 가운데 '변호사가 성공이라는 결과를 얻어내기 위해 수사나 재판의 담당자에게 직·간접적으로 영향력을 행사하려는 유혹에 빠질 위험이 있고, 의뢰인으로서도 변호사가 부적절한 방법을 사용하여서라도 사건의 처리결과를 바꿀 수 있을 것이라는 그릇된 기대를 할 가능성이 있다'는 점을 들고 있다.

나는 우리나라 수사기관의 사건처리에 대해 절반의 신뢰만을 가지고 있다. 내가 맡았던 형사사건들 중에는 수사가 잘못된 경우가 적지 않았기 때문이다.

경기도 어느 화물회사에서 작업을 하던 서른 살의 남자가 근무 중에 갑자기 들이닥친 사복경찰관 4명에 의해 강간상해 혐의로 긴급체포 됐다. 경찰은 대구의 어느 경찰서 유치장에 그를 수감한 후 가족에게 체포·구속사실을 통지했다.

동향(同鄉)인 피의자의 형으로부터 급히 사건에 대해 연락을 받은 나는 경찰서로 차를 몰고 갔다. 피의자를 만나려고 하였으나 담당경찰관이 나에게 피의자를 영상녹화조사 중이므로 조사가 끝날 때까지 두세 시간 기다려야 한다고 했다. 나는 선임계만 제출하고 되돌아와야만 했다.

구속영장청구서에는 피의자는 7년 이상의 징역형에 해당하는 강간상해죄를 저지른 것으로 기재돼 있었다. 구체적인 내용은 이렇다. 피의자가 주말에 열차로 누나가 있는 부산으로 내려가다가 대구에 들러 피해여성과 처음 만났다. 온라인 사이트에서 알게 돼 1년 정도 카톡으로 사귄 사이였다. 피의자와 피해여성은 식당에서 술을 마신 후 함께 모텔에 들어갔다. 피의자는 피해여성에게 자신은 모텔에서 자고 다음 날 부산에 내려갈 테니 모텔에서 술을 한 잔만 더 하자면서 피해여성을 모텔로 데려갔다. 피의자는 모텔 방에 들어가자 돌변하여 피해여성을 무자비하게 때려서 기절시킨 후 강간했다는 것이었다.

다음 날 영장실질심사 직전에 법원 접견실에서 피의자를 만났다. 30살 정도에 키가 크고 순박하게 보였다. 그는 술에 취해서 모텔 안에서의 일들이 기억나지 않는다고 했다. 수사기록을 볼 수는 없었지만(피의자의 변호인은 수사기록을 볼 수 없다) 피해 여성은 아마 세세하게 진술했을 것이다. 판사는 기억이 나지 않는다는 피의자의 말과 세세하게 진술한 여자의 말 중에 분명히 여자의 말을 더 믿을 것이다. 판사는 예상대로 구속영장을 발부했다.

피의자는 구속 후 검찰로 송치돼 검찰조사를 받게 됐다. 검사는 피해여성이 구타당한 상처들이 찍힌 사진들과 의사가 발급한 상해진단서를 제시하면서 범행을 자백할 것을 요구했다. 피의자는 범행을 부인했으나 두 번째 검찰 조사에서 검사가 책상을 치며 언성을 높이자 울먹이며 범행을 모두 인정하겠다고 말했다. 조사에 변호인으로 입회한 나는 놀라서 검사에게 양해를 구한 뒤 피의자에게 인정하려는 이유를 물었다. 그는 기억도 안 나고 조사받는 것이 너무 힘들다며 흐느꼈다.

변호사로서 피의자가 갑자기 모텔에서 돌변해서 피해여성이 기절할 정도로 때리고 강간했다는 범죄사실을 납득할 수 없었다. 피의자가 피해여성과 함께 들어갔다는 모텔에 몇 번이나 연락을 했고 마침내 그날 모텔 수부실에 있었던 여주인과 연락이 닿았다.

여주인은 피의자와 피해여성을 기억하고 있었다. 여자가 남자보다 나이가 더 들어 보인 데다가 계속 남자에게 욕설을 했다고 한다. 여주인은 듣기가 거북하여 여자에게 "아가씨, 총각한테 왜 그렇게 욕을 해요?"라고 물었더니 여자가 "우리는 원래 이런 사이예요."라면서 남자의 어깨를 손바닥으로 때리기도 했다고 한다. 객실에서 여자가 먼저 나왔는데 나올 때 모습이 들어갈 때 모습과 달라진 것이 없었다는 말도 했다.

검사에게 모텔 여주인의 진술을 꼭 들어달라고 요청했다. 검사는 자신도 모텔로 전화를 했으나 당시 수부실에 있었던 사람을 확인할 수 없었다고 했다. 검사와 모텔 여주인은 전화로 통화를 나눴다. 그 후 검사는 피해자로부터 휴대폰을 제출받아 지워진 카톡 대화 내용을 복원했다. 피해여성이 다른 남자와 짜고 상처를 만든 사실이 드러나 피의자는 구속된 지 한 달 만에 교도소에서 풀려날 수 있었다. 피해자는 물론 무고로 기소됐다.

대법원 판결은 변호사가 수사나 재판의 성공이라는 결과

를 얻어내기 위해 수사나 재판 담당자에게 부당한 영향력을 행사하는 것처럼 논리를 펴고 있다. 수사나 재판의 담당자에게 부당한 영향력을 행사할 수 있는 변호사들은 누구인가. 대법원은 판사나 검사, 전관의 혜택을 누린 변호사 출신들로 구성되어 있어 변호사들의 노고를 제대로 알지 못하는 것 같다. 억울한 사람을 위해 진실을 밝히려고 노력하는 수많은 변호사들을 매도하는 부당한 논리이다.

# 삶의 장소

미국의 작가 폴 오스터는 자전적 소설 『겨울일기』에서 그의 집이라고 불렀던 혹은 주소지였던 스물한 곳의 장소에 대한 이야기를 펼친다.

그는 1947년 미국 뉴저지 벽돌건물의 다세대주택에서 태어났다. 그 후 이층집, 학교 기숙사, 젊고 거칠고 가난한 시절 떠돌던 수많은 임대주택 등을 거쳐 마침내 마흔여섯의 나이에 뉴욕 브루클린 파크 슬로프에 있는 어느 집에 정착한다. 그는 그곳에서 2011년 『겨울일기』를 썼다. 그는 그 책에서 집을 조금씩 고쳤고 손때가 묻었으며 집에 걸어 들어갈 때마다 즐거움을 얻었으며 마지막 날까지 그곳에 살 것이라고 말한다.

대부분 사람들은 어딘가에서 태어나 젊은 시절 여기저기

떠돌다가 나이가 들면서 마침내 더 이상 떠나지 않고 어딘가에 머물 것이다. 나 역시 젊은 시절 여기저기 옮겨 다녔지만 세월과 더불어 점점 주거지를 선택하는 데 신중해졌다.

서울에서 관악산 아래 아내와 2년간 살다가 대구로 내려왔다. 산을 끼고 있는 곳을 구하려고 앞산 근처의 아파트를 찾았으나 마땅한 곳이 없었다. 법원 앞 사무실과는 다소 먼 거리에 있지만 팔공산 가까운 곳의 아파트로 이사했다. 도심에서 벗어난 한적한 곳이었다. 약 8년 정도 그곳에 살면서 아이들 4명을 낳고 키우며 더 넓은 집도 마련했다. 아내와 나는 저녁 무렵이면 아이들을 데리고 동네를 산책하곤 했다.

그런데 어느 날 그곳을 떠나야겠다는 생각이 들었다. 출근 길에 도로 가운데 푸른 잎들로 차창에 그늘을 드리우던 커다란 마로니에 나무들이 모두 사라졌다. 깜짝 놀라서 여기 저기 전화를 해서 어떻게 된 일인지 알아보니 도로확장을 이유로 모조리 뽑아 어디론가 치워버린 것이었다. 내게 출·퇴근 길에 한없는 기쁨을 주던 마로니에 나무들이었다. 너무나 아쉬웠다. 그 아름다운 나무들이 사라져버렸다. 나는 정말 그 이유만으로도 더 이상 그곳에서 살고 싶은 생각이 없어졌다. 내 사무실이 있는 법원 주변으로 아파트를 옮겼다. 값은 비쌌지만 도심에 가까워 여러 가지로 편리했다. 4년 정도 지나고 난 뒤 인근의 조금 더 쾌적한 아파트로 이사를 갔다. 도로로부터 떨어져 있고 의외로 공기마저 청량한 곳이다. 이곳에서 지금까지 지내고 있다.

한때 법원과 법원 주변은 조용하고 햇빛 가득한 곳이었다. 그런데 대단지 고층 아파트들이 주변을 채우면서 더 춥고 더 더운 곳으로 바뀌었다. 법원 올라가는 길은 동편의 고층 아파트 회색 건물의 그늘이 뒤덮어 겨울에는 을씨년스럽기만 하다. 마당이 있거나 들어가는 길이 여유가 있던 식당들은 사라지고 밀도가 높은 음식점들만 들어섰다.

가까운 지하철역은 지하 통로 좌우 일렬로 상가를 만들어 놓았지만 수년째 텅 빈 상태에 놓여 있다. 왜 허물어 통로를 넓히지 않을까. 이 곳 구청은 한때 주말에는 개방하였던 구민운동장 잔디구장을 구청장이 바뀌면서 눈으로만 보라는 건지 아예 주민들이 들어가지 못하도록 줄을 쳐 버렸다. 세상은 점점 나아지고 있는 것이 아니라 점점 나빠지고 있는 걸까. 이 구청은 최근에는 공원으로 불리는 산으로 올라가는 길옆에 국민체육센터라는 거창한 이름의 체육건물을 짓고 있다. 길옆에 아름다운 나무들을 뽑아내고 산을 깎아 1만여 평방미터의 자리에 실내체육관을 세우는 것이다.

내가 다니는 성당도 대형 성당 건물을 짓기 위해서 원래의 성당이 서 있던 동산의 나무들을 뽑아버리고 평지로 만들어버렸다. 물론 그곳에 있던 나무들도 사라져버렸다. 산을 깎는 것은 쉽지만 산을 만드는 것은 불가능하다. 안타까운 일이다.

일본이나 유럽을 여행하다 보면 옛 거리 오래된 건물들이 대부분 그대로 남아 있는 사실을 깨닫게 된다. 조금씩 고치기는 하겠지만 오랜 모습을 지우지는 않는다. 내가 살아가는 곳도 내가 사랑하는 사람들처럼 변하지 않고 그대로 남아 있었으면 하는 마음이다.

가을

# 함께하는 마음

집으로 가는 길에는 2백~3백 미터에 이르는 골목길이 있어서 그곳을 지나야 한다. 그 골목에 식당이 생긴 이후 식당을 이용하는 승용차들의 골목길 주차로 차량들의 통행이 쉽지 않게 되었다. 차들이 서로 마주치면 한쪽 차가 더 비좁은 옆 골목길로 들어가거나 주차가 되어 있지 않은 빈 공간에 차를 밀어 넣어야 겨우 교행이 가능하다.

금요일 일찍 퇴근하여 집으로 가게 됐다. 집 가까이 이르러 예의 골목길을 지나가게 되었다. 오르막을 지나 막 내려가는 중에 맞은편 방향에서 SUV 한 대가 올라왔다. 내 차가 비키려면 비좁은 골목을 한참동안 후진해야 했다. 어떻게 할까 망설이는 사이에 SUV 운전자가 자신의 차를 후진하여 옆 골목으로 넣으려고 했다. 그 와중에 SUV 뒤로 차 두 대가 더 올라왔다. 내 차 뒤로는 다른 차가 없었다. 내 차를 50여 미터 후진해서 한쪽에 비켜 세웠다. 차량 세 대가 지나가면서 하나같이 손을 흔들어 감사를 표시했다.

유대인 랍비 조셉 텔루슈킨이 쓴 책 『죽기 전에 한 번은 유대인을 만나라』(원제는 'The Book of Jewish Values'이다)는 "친구와 대화를 나누고 있는데 갑자기 요란한 사이렌 소리가 대화를 방해한다면 당신은 어떤 반응을 보이겠는가?"라는 구절로 시작한다. 텔루슈킨은 자신도 다른 사람들과 마찬가지로 사이렌 소리에 사고나 재난을 당한 사람에 대한 동정이 아니라 짜증을 낸 경우가 많았다고 털어놓는다. 이어 한 여성의 이야기를 소개한다.

그녀는 어느 날 새벽 소방차 사이렌 소리 때문에 깊은 잠에서 깨게 되자 사이렌 소리를 내며 지나간 소방차에 대해 자신도 모르게 불평을 했다. 다음 날 아침 가장 친한 친구가 바로 그 새벽 화재로 목숨을 잃었다는 불행한 소식을 들었다. 그 이후로는 그녀는 소방차가 지나가는 소리를 들을 때마다 불평하기는커녕 소방차가 사고 현장에 늦지 않게 도착할 수 있게 해달라고 기도한다는 것이다.

운전을 할 때뿐만이 아니라 매사에 정신적으로는 더욱 쫓기는 기분이 들 때가 적지 않다. 왜 이렇게 마음의 여유가 없

는 걸까. 삶이 물질적으로 나아짐에도 불구하고 더 나아진
만큼 나빠질까 두려운 걸까. 왜 마음의 안정을 얻지 못하는
걸까.

많은 사람들에게 물질적 여유가 곧 정신적인 여유를 보장
하지 않는다. 정신적인 여유는 삶의 본질에 대해 생각할 여
유가 없으면 생기지 않는다. 우리 삶의 본질 가운데 하나는
우리가 공동의 존재라는 점이다. 숲을 이루는 나무처럼 다른
이들과 함께 서있는 존재이다. 내 마음의 여유는 다른 존재
에 대한 마음의 여유에서 오는 것이다. 다른 사람, 다른 사물
에 대해 마음을 여유를 가지지 못하면 내 마음의 여유도 가
질 수 없다.

시리아 난민 가족을 실은 보트가 뒤집혀 세 살배기 아일란
쿠르디가 해변에서 숨진 채 발견되었다. 많은 사람들이 아일
란의 죽음에 함께 슬퍼하고 이런 불행한 일이 다시는 일어나
지 않도록 한 걸음이라도 나가는 일에 함께했다.

작은 일에도 누군가에게 감사하거나 함께 기뻐하는 마음
이 삶의 여유를 가지게 한다. 마찬가지로 다른 이를 위해 슬
퍼하거나 그가 불행에서 벗어나기를 기도하는 것은 내가 세
상이라는 숲을 이루는 나무처럼 세상을 함께 이루는 존재임
을 깨닫는 일이다.

# 정의의 비용

어느 헌법소원심판 사건의 국선대리인으로 지정되어 사건 기록을 읽다가 나도 모르게 한숨이 나온 적이 있다. 내용은 이렇다. 대학생 남녀 한 쌍이 비가 오는 중에 커피숍에 들어간다. 커피를 마시며 이야기를 나누다가 커피숍을 나온다. 여자는 우산꽂이에서 우산을 뽑아 남자에게 준다. 이들은 함께 택시를 타고 버스터미널로 향한다.

그 무렵 다른 남자가 커피숍에서 나오다가 자신의 우산이 보이지 않자 112에 신고를 한다. 경찰관 2명이 출동했다. 이들은 커피숍 CCTV를 통해 용의자로 조금 전에 나간 남녀 한 쌍을 확인한다. 남녀가 공동으로 자신의 '조금 낡은' 우산을 남겨두고 남의 '새것 같은' 우산을 훔친 것으로 파악되므로 '특수절도' 사건으로 수사에 나섰다. 경찰은 남녀가 커피숍에

가
을
·
131

서 사용한 카드내역을 근거로 카드사에 대해 압수수색영장을 발부받아 남자의 연락처와 주소를 받아내고 남자로부터 여자의 연락처도 알아낸다.

경찰은 우산절도사건의 피의자로 남자와 여자를 소환하여 조사했다. 남자는 "여자 친구가 타고 갈 버스의 출발시간이 얼마 남지 않아 급하게 커피숍에서 나오느라 커피숍 우산꽃이에서 우산을 들고 나왔다. 아르바이트 하는 곳에서 빌려온 우산이라서 우산이 다른 사람 것과 바뀐 줄은 몰랐다."고 말한다. 경찰관은 남자의 말을 믿지 않고 계속 추궁한다. 남자는 마침내 말을 바꾸어 택시로 버스터미널로 이동하면서 우산이 바뀐 것을 알았지만 여자는 버스를 타고 갔고 자신은 택시를 타고 돌아오는 길에 우산을 잃어버려 돌려줄 수 없었다고 진술한다. 우산을 바꿔 가져간 이들은 피해자에게 우산값으로 3만 원을 물어주고 합의한다. 경찰은 이 사건을 특수절도사건으로 검찰에 송치한다. 검찰은 경찰이 수사한 대로 절도혐의를 인정하고 이들에게 기소유예처분을 내렸다.

범죄에 대해 책임을 물을 때 죗값 또는 정의라는 말을 쓴다. 정의에는 비용이 따른다. 이 3만 원짜리 우산 절도사건에도 수사기관은 정의를 세우기 위해 공적 비용을 사용했다. 경찰관 두 사람이 출동했고 커피숍의 CCTV를 제출받아 화면을 들여다봐야 했고 법원의 압수수색영장을 발부받아 카드사로부터 카드사용내역을 받았고 피의자들을 소환하여 조서를 작성하고 사건서류를 검찰에 보내고 검사는 피의자들에게 처분을 내렸다. 이 모든 절차에 적지 않은 시간과 노력이 투입되었다.

사건은 여기서 그치지 않았다. 검사가 기소유예처분을 내리자 여학생은 검사의 절도기소유예처분을 취소해달라는 헌법소원을 냈다. 국선대리인이 지정되었고 헌재 재판관이 심리를 하고 결정을 내렸다. 헌재의 결론은 절도의 고의가 있다고 보기 어려우므로 검사의 기소유예처분을 취소해야 한다는 것이었다.

정의를 세우는 데는 수사비용만 들어가는 게 아니다. 미결수나 기결수가 교도소나 구치소에 수용되는 경우 수감자 1명당 연간 2천만 원에서 2천 500만 원의 비용이 소요된다. 우리나라 수용자 수는 형사처벌 강화 추세에 따라 2012년 4만 6천여 명에서 2015년 현재 5만 4천여 명으로 급증했고 그에 따라 교도소와 구치소 예산도 급증하고 있다.

장기 형량이 빈번한 미국은 수감자들로 교도소가 넘친다. 수감자 수가 200만 명 이상에 이른다. 캘리포니아 주를 비롯한 여러 주들이 교도소 유지에 따른 만성적인 재정적자에 시달리고 있다. 오바마 정부가 의회에 수감자를 양산하는 미국의 양형제도에 대한 개혁을 요청하고 있는 실정이다.

잘못되거나 과도한 수사와 재판은 당사자에게 고통을 주는 것은 물론 많은 공적 비용을 지출하게 한다. 부당한 수사와 재판으로 구속되었다가 무죄판결 등을 받고 석방된 사람들에게 지급되는 형사보상금이 지난해 881억 원에 이른다. 재심 무죄사건에 따른 보상금도 상당 부분 포함되어 있다고 하더라도 과도하다.

정의의 수호자인 배트맨이나 아이언맨은 악을 처벌하는 데 드는 시간이나 비싼 슈트, 장비 등의 막대한 비용에 전혀 신경 쓰지 않는다. 영화 속의 그들은 엄청난 부자이기 때문이다. 현실에서 정의를 세우기 위해서는 막대한 국민의 세금이 들어간다. 과도하게 정의를 세우기 위해 과도한 비용을 쓰는 것이 적절한지 질문할 수밖에 없다.

# 북한

북한에 관한 뉴스를 볼 때마다 마음이 불편하다. 갓 서른 정도의 김정은이 비대한 몸에 펄럭거리는 검은색 옷을 걸친 채 늘 거만한 자세로 나오기 때문이다. 그가 앞장서면 대개 연로한 한 무리의 군 장성들이 그의 뒤를 따른다.

김정은은 앉더라도 비스듬하게 앉거나 팔꿈치로 책상을 누르며 앉는다. 김정은이 서거나 앉아 건들거리며 무언가 말을 하면 그를 둘러싼 사람들은 어김없이 부동자세로 그의 말이 떨어질세라 경청하고 그가 뱉은 말을 금과옥조인 양 수첩에 받아 적는다.

도대체 김일성, 김정일, 김정은이 무엇이기에 북한 주민들은 3대에 걸쳐 혼이 나갈 정도로 이들을 존엄으로 떠받들고 경외하는가. 가공(可恐)할 북한 체제에 대해 의문을 가지지 않을 수 없다.

북한 체제의 탄생은 스탈린 독재하의 소련에 의해 이뤄졌다. 『사진과 그림으로 보는 북한 현대사』라는 책에는 1945년 10월에 열린 '김일성 장군 환영 평양시민대회'의 사진이 나온다. 사진 설명에 따르면 환영대회에 나온 김일성은 많은 사람의 기대와는 달리 당시 33세에 불과했으며 1미터 67센티가량의 키에 머리는 양쪽을 버쩍 치켜 깎은 모습이었다고 한다.

김일성의 이름이 알려진 것은 1937년 만주와 접경지대에 있는 보천보 습격에 관한 동아일보 신문기사 때문이었다. 중국 공산당 휘하의 동북항일연군 소속의 김일성이 이끈 부대는 보급물자를 뺏기 위해 보천보 주재소 등을 방화하였다. 일본 측 사망자는 수 명에 그친 소규모 전투였지만 동아일보가 호외까지 발행하면서 보도해 김일성이라는 이름이 널리 알려지는 계기가 됐다.

『북한 현대사』에서 보천보 전투를 이끈 김일성 부대는 이후 일본의 추격을 피해 소련 극동지역으로 들어가 소련군의 지휘를 받는 동북항일연군교도려(東北抗日聯軍矯導旅)로 재정비돼 해방 직후 김일성이 소련 대위 계급장을 달고 나서 소련 군함을 타고 북한에 들어온 것으로 설명한다. 위의 설명과는 달리 보천보 전투를 이끈 실제 김일성은 보천보 전투 직후 전사했고 소련군의 지원 아래 본명이 김성주인 인물이 김일성의 이름을 도용(盜用)하여 한국현대사에 등장한 것이라는 주장이 끝없이 제기되어 왔다.

『북한 현대사』에 실린 동북항일연군교도려의 유격대원들이 함께 찍은 사진 속의 김일성, 만주유격대 시절 사진이라는 군복을 입은 김일성, 조선공산당 북조선 분국 제3차 확대집행위원회 회의를 앞두고 결정서 초안을 검토하는 모습을 찍은 사진 속의 김일성이 모두 동일 인물인지 육안으로 확인하기 어렵다.

김일성이 중국과 국내에서 독립운동을 하던 많은 인물들을 제치고 북한 정치에서 주도권을 잡은 것은 미국의 이익에 부합할 것으로 보이는 이승만이 남한에서 득세한 것처럼 그가 소련의 지시와 이익에 가장 영합했기 때문이었을 것이다. 김일성은 북한의 정치권력을 장악하고 마침내 자신의 권력을 뒷받침하는 세력으로 북한을 조직화하는 데 성공한다.

권모술수에 뛰어난 김일성의 외모를 빼닮은 3대 세습후계자인 김정은은 최근 대한민국에 대해 연일 전쟁협박을 하고 있다. 김정은 개인의 협박에 그치는 것이 아니라 조직화된 북한의 협박이다. 개인의 협박을 뿌리치는 것처럼 간단한 문제가 아니다. 중국이 작용했는지 아니면 북한의 경제사정이 급박했는지 북한은 전쟁협박을 중단하면서 다행히 남북고위급회담을 제의했다. 그러나 대한민국의 미래와 김정은이 지배하는 북한의 미래가 겹쳐질지 아니면 따로 갈지에 대한 고민은 북한의 지뢰 도발로 인한 두 병사의 상처와 함께 그대로 남아 있다.

# 갈등

    당신은 살면서 적지 않은 갈등을 겪는다. 그것은 사소하고도 우발적인 갈등일 수 있다. 끼어든 앞차 때문에 신호를 받지 못하거나 식당 옆자리에 앉은 사람들의 시끄러운 소리에 짜증이 나기도 한다.

    그와 같은 행동을 하는 사람에게 당신은 화난 마음을 전달할 수는 없다. 낯선 당신의 말을 그가 잠자코 들을 리 없다. 한두 마디 던지다가 시비로 번지기 십상이다. 이런 갈등은 그 자리를 떠나는 것이 최선이다. 상대방의 행동이 법적으로 심각하게 문제된다면 경찰에 알려야 하겠지만 그 이외의 경우라면 화를 진정시키기 위해서라도 그 자리를 벗어나는 것이 낫다.

    당신이 겪는 갈등은 우발적인 것뿐만 아니라 지속적인 것일 수도 있다. 가족, 친구, 이웃, 직장 상사 또는 동료와 같이 당신 주변의 누군가와의 갈등 말이다. 나는 아이들 교육을 둘러싸고 아내와 갈등을 빚는다. 아내는 아이들에 대해 간섭을 많이 하려는 편인 반면 나는 아이들에게 맡기고 내버려두는 편이다. 아내는 내가 아이들에게 스마트폰을 너무 일찍 사주었다고 말한다.

아이들이 스마트폰을 가지고 노는 것을 보면 아내의 지적이 맞다. 아내는 이제라도 아이들 휴대폰을 해지하라고 한다. 하지만 나는 이제 와서 휴대폰을 사용하지 못하게 할 수는 없다는 생각이다. 아내는 아이들이 방을 늘 어지럽혀 놓는다고 나무란다. 나는 아이들 방이 지저분하더라도 아이들의 몰입이나 생각의 흐름을 깨는 것은 바람직하지 않다고 생각한다.

아이들을 둘러싸고 아내와 벌어지는 갈등이 피할 가능성이 없는 것처럼 가족이나 주변 사람과의 지속적인 갈등은 대부분 근본적인 해결책도 없고 피할 수도 없다. 피할 수 없는 갈등은 피할 수 없기 때문에 더욱 마음에 걸리고 심하면 억압이 된다. 특히 부부 간의 갈등은 불행한 결과를 낳기도 한다.

언젠가 이혼소송을 하던 후배가 긴 시간 끝에 마침내 항소심에서 조정으로 이혼을 하게 됐다. 후배는 법원을 나오면서 내게 소감 비슷한 것을 말했다.

"선배님, 소송해주시느라 고생하셨습니다. 오늘 제 인생에 있어서 가장 기쁜 날입니다. 지옥에서 천국으로 올라가는 기분입니다. 낮이라서 저 혼자 자축하는 술이라도 해야겠습니다."

나는 이혼소송을 대리했지만 후배의 말에 충격을 받았다. 아무리 그래도 그렇지, 20년 가까운 오랜 결혼 생활이 어떻게 전부 지옥일 수가 있을까 의문이 들었다.

갈등은 때로는 좌절과 분노를 낳는다. 좌절과 분노는 상대방에 대한 적개심을 생기게 하고 상대방에 대해 공격에 이르기도 한다. 갈등은 그 자체로서는 생각, 입장, 이해관계의 차이에 다름 아니다. 그것은 옳고 그름의 문제가 아니다. 사람에 따라, 주어진 상황에 따라, 생각이나 입장이나 이해관계에 차이가 있는 것은 당연하다.

갈등은 입장이나 생각이나 이해관계의 차이에서 생긴다. 갈등은 존재하는 것이 당연하다. 갈등이 긍정적이며 생산적으로 작용하려면 우선 갈등의 존재를 인정해야 한다. 갈등의 존재를 인정하고 서로의 입장과 차이를 이해하고 갈등의 해소에 노력할 때 서로에 대한 인식과 사고의 폭이 넓어지게 된다. 부부간에 갈등이 존재하는 사실을 받아들일 때 갈등은 파탄의 원인이 아니라 오히려 상대방의 존재를 인정하고 서로에 대한 이해를 넓히고 부부관계를 건전한 긴장관계로 유지하는 역할을 하게 된다.

노사 간의 갈등도 마찬가지다. 노사 간의 갈등이 노동자와 사용자 서로의 존재에 대해 이해를 넓히는 생산적인 계기가 되려면 갈등이 존재함을 인정하고 받아들여야 한다. 이틀 전 노동개혁을 위한 노사정(勞使政) 4자 대표의 타협이 이뤄졌다고 한다. 생산적인 결과로 이어지기를 희망한다.

# 변호사 조영래(趙英來)

변호사는 죄지은 사람을 변호한다. 무거운 죄를 지은 사람이 변호사를 찾는 것은 당연하다. 형사소송법도 피고인이 구속된 때 또는 구속되지 않더라도 법정형이 3년 이상인 범죄의 경우 변호사가 반드시 있어야 한다고 규정한다. 따라서 사선변호인이 없다면 국선변호인이 반드시 선정된다. 영장실질심사를 받는 피의자나 구속된 피의자의 경우에도 마찬가지로 변호사가 반드시 있어야 한다.

변호사가 변호하는 사람 중에 억울한 사람도 있고 처벌받아야 마땅한 사람도 있다. 그러나 변호사는 수사관이나 재판관이 아니다. 수사는 경찰과 검사의 몫이고 유·무죄나 형량의 판단은 재판관의 몫이다. 변호사의 역할은 형사절차에 있어 사법권력에 홀로 맞서는 피의자나 피고인을 법률적으로 조력(助力) 곧 힘써 도와주는 것이다.

죄를 지은 것으로 의심받는 사람을 변호하는 과정에서 범죄를 옹호하는 것으로 오해를 받기도 한다. 변호사는 죄 없는 사람을 위해서는 무죄를 이끌어내기 위해 변론하여야 한다. 죄지은 사람이라도 양형에 도움이 될 만한 사정을 찾아내고 형사절차에서 부당한 대우나 심리적인 억압을 받지 않도록 살펴야 한다.

서울지방변호사회는 올해부터 고(故) 조영래(趙英來) 변호사 추모 기념사업의 일환으로 '조영래상'을 제정하여 서울지방변호사회 소속 변호사 중에 추천을 받아 시상하기로 했다. 조영래는 진정한 인권 변호사이다. 수많은 인권 변호사가 있어 왔고 또한 현재에도 있지만 조영래 변호사에게 '진정한'이라는 수식어를 붙일 수 있는 것은 그가 권력의 반대편에 서서 인권을 지키기 위해 헌신(獻身)했을 뿐만 아니라 사회적 약자들을 진심으로 사람답게 대했기 때문이다.

그는 대구에서 태어나 초등학교 때 서울로 이사를 간다. 어려운 집안 형편에도 경기중학과 경기고등학교를 거쳐 서울대 수석으로 법대에 진학한다. 그는 학생운동을 주도하면서도 사법시험에 합격하여 사법연수원에 다니던 중 1971년 10월 유신말기의 공안당국에 의해 조작된 서울대생 내란

음모사건으로 1년 6개월의 실형을 선고받고 복역한다. 출소 후에도 유신정권의 탄압을 받다가 마침내 박정희 정권이 무너져 1980년에 사법연수원생으로 복직한다.

그는 4개월간 검사실무교육을 받는 과정에서 자주 눈물을 흘렸다고 한다. 검사시보로서 그가 수사를 해야 하는 구속 피의자 가운데 적지 않은 사람들이 그가 감옥에서 함께 지낸 수감자들과 마찬가지로 가난하거나 못 배우거나 불쌍한 사람이었기 때문이었다. 검사시보 기간 동안 이들을 수사하고 처벌하기보다는 불쌍한 처지를 동정하여 어떻게 하면 풀어줄까 고민하게 된다. 그는 딱한 처지에 놓인 사람들을 풀어주기 위해 석방품신서를 들고 담당검사는 물론 부장검사실과 차장검사실로까지 찾아다녔다고 한다.

당시 자신의 일기에 "지금까지 충분히 실천은 못하였으나 4개월 동안 내가 수행하려는 하는 것 제일보(第一步)는 피의자 또는 참고인, 가족들에게 친절히 대하는 자세를 견지하는 것이다. 어떠한 경우에라도 친절한 자세를 흩뜨리지 않도록, 어떤 경우에도 조금이라도 권력을 가진 자의 우월감을 나타내거나 상대방을 위축시키거나 비굴하게 만드는 일이 없도록. 다른 것은 다 못 하더라도 이것만 해낼 수 있다면 더 이상 좋을 수가 없겠다."고 썼다.

서울대를 수석 입학하고 사법시험에　합격해서 누구보다
도 신분과 출세가 보장되어 있었던 그가 권력의 반대편에 서
서 권력 앞에 던져진 사람들을 위해 그리고 궁극적으로는 사
람의 사람다운 삶을 위해 자신의 모든 것을 던지고 싸운 것
이 놀랍고 감동적이다. 그가 변호사의 표상이 되는 것이 당
연하고 또 자랑스럽다.

# 아버지

추석 연휴의 끝자락에 아이들을 데리고 산에 올랐다. 바람이 시원하게 불자 도토리 열매가 투두둑 떨어진다. 명절이 주는 기쁨 가운데 하나는 가족들과 함께 시간을 보내는 데 있다. 부모님께서는 이미 고인이 되시었으니 직접 찾아뵙지는 못하고 제사를 통해 추모(追慕)한다.

명절 제사를 지낼 때의 아버지 모습이 떠오른다. 인정은 많으셨지만 재산을 모으지도 못하셨고 아니 오히려 재산을 대부분 날리다시피 하여 어머니로부터 원망을 사셨다. 아버지는 잠시 보험대리점 영업소장을 하셨는데 무슨 일인지 많은 빚을 져 전답을 모두 팔아야 했다. 중학교 1학년 때의 일이었다.

부모님은 살던 집마저 헐값에 넘기고 읍내 산자락 아래 집을 구하여 이사를 했다. 어머니께서는 아버지가 법에 무지하여 이런 사달이 났다고 한탄했다. 어린 나이지만 나는 그 때 법을 알아야겠다는 생각을 했고 마음속으로 법대를 가겠다고 결심했다. 이후 아버지는 자책감에서인지 대부분 의기소침하게 지내셨고 때로는 약주에 취하시어 마음을 달래기도 하셨다.

아버지는 일 년 가운데 명절 제사를 지내는 날만은 평소와는 전혀 다른 모습이셨다. 해가 뜨기도 전에 일어나 대문을 열고 작은 마당을 정성들여 쓸었다. 단정하게 옷을 차려입으시고 제기를 소중하게 꺼내 제사상을 놓으시고 밤을 깎는 등 정성스레 제사 준비를 하셨다. 대문 어귀에 나가서 작은 아버지 두 분이 언제 오시는지 골목길을 굽어보기를 거듭하셨다. 두 분 작은 아버지가 잇따라 골목길에 들어오시면 아버지는 손님을 맞이하는 것처럼 마중 나가 반갑게 손을 잡고 이끄셨다.

아버지와 작은 아버지들은 할아버지와 할머니에 대한 이런저런 이야기를 나누면서 제사상을 차리셨다. 아버지는 지방을 정성들여 쓰시고 제물을 제례에 맞게 위치에 정하여 올리셨다. 제주(祭主)로 제사를 진행하시는 아버지는 향을 피우고 마치 할아버지가 살아계시는 듯 술을 올리며 첨잔을 하시고 가족들을 모두 모아 절을 하게 하였으며 지방을 태우신 뒤 국궁과 음복까지 시키셨다.

아버지는 명절날에는 그 어느 때보다도 의젓하고 당당하셨다. 어머니께는 물론 어린 자녀들을 포함하여 모든 사람들에게 온화하게 대하셨다. 나는 아버지의 평소와는 다른 이런 모습을 보는 것이 좋았다. 이때는 아버지가 든든하게 느껴졌다. 이런 이유로 나는 장남이 아니지만 제사 지내는 것을 좋아했고 아버지는 내게 가끔 첨잔을 올리라고 시키기도 하셨다.

이제 세월이 흘러 고향의 부모님은 모두 돌아가시고 형님과 동생이 서울에 있어 명절 때마다 고향이 아니라 서울의 형님과 동생에게 가야 하는 처지가 됐다. 아쉬운 일이다.

나는 세상의 아버지 가운데 한 아버지인 내 아버지의 사연과 시름과 아버지가 남긴 것이 무엇인지를 생각한다. 한문을 깨치셨지만 근대적인 교육을 제대로 받지 못했고 악착같지도 못하셨으며 남에게 모질지도 못해 때때로 낙막(落寞)하셨을 아버지. 남을 탓하지 아니하시고 성정이 다정하시고 좀처럼 화를 내지 못하신 아버지. 조상과 부모를 섬기는 일에 정성을 다하신 아버지의 모습을 떠올린다.

청명한 추석 제삿날, 조상과 자식을 다정하게 대하는 아버지의 모습과 아버지를 따라 조상들 앞에 엎드려 절을 하며 이승에서의 조상들의 평안과 음덕을 빌고 수구초심(首丘初心)과 사원지수(思源之水)를 생각하던 내 어린 시절의 명절 기억이 내 아이들에게도 이어지기를 바라면서 추석 연휴를 보낸다.

# 가을햇살

당신은 가을 오후 우연히 눈을 들어 밖을 본다. 가을빛이 쏟아진다. 어디서 이 많은 빛이 왔는지 미처 생각하기 전에 수많은 빛줄기들이 화살처럼 당신의 동공(瞳孔)에 부딪힌다. 당신의 눈은 빛에 반사되어 반짝인다. 당신의 눈이 빛나듯이 세상도 빛으로 빛난다.

당신은 거리에서 숲속에서 운동장에서 아파트 거실에서 승용차 안에서 버스 안에서 기차 안에서 가을 풍경을 바라본다. 오후의 빛이 강물처럼 흐른다. 귀 기울여 듣는 소리처럼 낮은 듯 소란한 듯 높고 낮은 곳을 가리지 않고 좁고 넓은 곳을 구별하지 않고 흐른다. 길에도 저 공터에도 맞은 편 아파트 벽에도 골목에도 노랗게 물들어가는 나뭇잎 위에도 물결처럼 흐른다. 작은 것 같으면서 크고 빈 것 같으면서도 가득

한 대기와도 같이 가을햇살이 세상을 채운다.

당신이 빛을 바라보는 어느 순간 당신 자신은 대기 속으로 휘발(揮發)되는 듯 착각에 빠진다. 마치 저 빛의 바람에 날아가는 새가 되어 하늘에서 내리는 빛줄기를 타고 수직으로 내리꽂히다가 다시 저 산의 줄기를 스치듯 타고 오르다 골짜기로 내려간다. 은빛 비늘 반짝이는 물고기가 되어 저 환하고 조용한 물속과도 같은 거리와 골목을 순식간에 이리저리 굽이치며 헤쳐 나간다.

당신은 상념에서 벗어나 집을 나선다. 도심에서 사람들과 함께 걸어가거나 공원길을 산책하거나 숲길을 걷는다. 버스에서 내리거나 역사(驛舍)를 빠져 나와 도심의 밝은 빛 속으로 걸어간다. 당신 앞의 사람들과 건물들과 사물들이 빛난다. 당신과 사물 사이에는 환한 빛이 있어 간격(間隔)을 만든다. 이성적(理性的)인 거리라고 할까 아니면 숨을 쉬는 공기가 흐르는 기도(氣道)라고 할까 무언가 떨어져 있음으로써 함께 존재하며 함께 숨 쉬는 것 같은 느낌이 든다.

빛은 당신 눈에도 얼굴에도 머리칼에도 어깨 위에도 물결처럼 흐른다. 맑은 대기가 몸에 와 닿는다. 몸이 반응한다. 당신의 몸은 당신의 생각과 함께 무거우면서도 나른하다가 대기와 더불어 차면서도 따뜻하고 가벼우면서도 힘찬 느낌으로 바뀐다. 투명한 빛처럼 몸과 마음이 투명해진다.

환한 빛이 온 세상을 뒤덮고 당신의 눈에 들어오는 사람들과 건물들과 사물들이 쏟아지는 빛으로 빛나다가 마침내 빛 속으로 사라진다. 당신의 시야 속에 오로지 빛이 남듯이 당신의 생각이 사라지고 당신의 존재와 생각의 무게도 사라지고 당신도 오로지 투명한 빛으로 남는다.

당신은 빛 속에, 당신을 환하게 적시는 빛 가운데 존재한다. 당신은 자유롭다. 당신이 나이가 적거나 또는 많거나 가난하거나 또는 부자이거나 유쾌하거나 또는 우울하거나 그도 저도 아니라 무심하더라도 이 가을 쏟아지는 빛 속에서 자유로운 존재가 되고 존재로부터도 자유롭다. 지나간 시간들을 내려놓는다. 기억들을 흩어버린다. 알 수 없는 불안과 긴장과 허무와 분노를 모두 빛으로 바꾼다.

당신과 세상을 비추는 이 빛은 행복의 원천이다. 세상의 모든 사물들을 차별 없이 비추는 빛 속에 당신이 존재한다는 것은 축복이다. 이처럼 맑고 투명하고 환한 빛 속에 숨 쉬며 존재하는 시간들을 세상 그 무엇과 바꿀 것인가. 빛의 계절, 양광지추(陽光之秋), 가을햇살이 쏟아진다.

# 국사교과서

중·고등학교 때 국사를 배우면서 큰 의문에 부딪혔다. 어떻게 제대로 가동조차 하지 못하는 왕조지배 체제가 이렇게 오랫동안 계속될 수 있었을까 하는 의문 말이다. 수많은 사람들에게 좌절감을 안겨 주었을 세습왕조체제가 어떻게 1,500년 이상 용인(容忍)되어 왔는지 이해할 수 없었다. 아무리 우리의 역사라고는 하지만 왕조시대의 불합리한 체제나 제도에 대해 왜 자세하게 배워야 하는지 받아들일 수 없었다.

사람들은 역사는 반복되므로 역사로부터 교훈을 얻기 위해 역사를 알아야 한다고 말한다. 그것은 역사를 공부해야 하는 이유이기도 하다. 살아오면서 부딪히는 문제들과 이를 해결하기 위한 노력은 과거에도 존재했고 현재에도 존재하며 미래에도 존재할 것이다. 조상들이 이 땅에 살아가기 위해 노력한 과정에서 겪어야 했던 성공과 좌절에 대한 역사로부터 적지 않은 가르침을 얻을 수도 있다.

그러나 역사가 반복된다는 생각은 제한적으로 이해되어야 한다. 과거 전제군주국가는 공간의 폐쇄성을 본질로 한다. 전제군주국가의 폐쇄적인 공간은 사회·경제·정치 구조에 있어서도 폐쇄성을 띠게 한다. 왕조 역사가 반복되는 주된 원인은 바로 이러한 공간적 폐쇄성에 근거한다. 전제군주 시대의 중국은 광활한 땅에도 불구하고 본질적으로 하나의 폐쇄적인 공간을 형성한다. 중국 역사는 왕조 교체의 반복만을 보여줄 뿐이며 그에 따라 사회구조나 체제의 변동성도 극히 미약했다고 할 것이다. 우리나라도 이에 다를 바가 없다. 오히려 공간적으로 더 폐쇄적인 상태였으므로 왕조 교체조차 중국에 비해 드물었다.

차별적이고 경직된 정치체제인 전제군주 지배체제를 장기간 유지하기 위해서는 충효와 같은 절대적인 이념이 필요하고 백성들에게 이러한 절대적인 이념을 지속적으로 주입해 왔다. 오랫동안 왕조시대를 이어온 우리에게 강고한 이념편향성이 아직도 남아 있는 이유이다.

인습적인 왕조 지배체제는 세상으로의 문이 열리면 지탱

되기 어렵다. 열린 공간은 사상과 교역의 자유로운 이동이 이뤄진다. 열린 공간을 전제하는 근대민주국가는 전제군주 국가와 역사의 전개방향을 달리한다. 외부 세계와의 교통으로 사고가 열리게 되고 새로운 세상에 대한 비전을 가지게 되기 때문이다. 사람들은 더 나은 삶을 원하게 되고 자유민주주의 정치시스템을 요구하게 된다. 우리가 과거 역사에서 교훈을 찾는다면 세상과 더불어 살아가기 위해 무엇보다 세상을 향해 문을 열어놓아야 한다는 점이다.

과거의 역사는 새로운 미래를 위한 디딤돌이 되어야 한다. 과거의 역사를 물신(物神)처럼 받들어서는 안 된다. 이런 점에서 최근 정부의 국사교과서 국정화 시도는 불필요하고도 소모적인 이념논쟁을 불러오는 행위일 뿐이다.

우리에게는 이념이 주어진 것이 아니라 현실이 주어져 있다. 이념은 현실문제에 대한 방법론에 불과하다. 경직된 이념은 현실과 본질을 분식(粉飾)할 우려가 있다. 이념이 현실을 흔드는 것은 본말을 전도하는 것이다. 우리에게 중요한 문제는 현재와 미래의 생존이다. 정부는 과거의 역사에 대한 문제에 힘을 쏟기보다는 지금 우리가 부딪히고 있는 현실문제의 해결과 미래의 준비에 온 힘을 쏟아 부어도 부족하다. 이는 좌파나 우파 또는 진보나 보수의 문제가 아니다.

한글날부터 계속된 연휴 동안 개봉한 영화 『마션』은 문제
해결을 위한 지식과 노력의 중요성을 보여준다. 주인공은 화
성에 홀로 조난되었지만 실질적인 지식과 끝없는 시도로 화
성에서의 생존과 지구로의 귀환을 성공시킨다. 같은 기간 동
안 방영된 TV강연 『저성장시대의 생존법』도 우리에게 필요
한 것은 이념이 아니라 지식과 노력이라는 점을 강조한다.
현재와 미래의 생존을 위해 가장 필요한 것은 새롭고도 성숙
한 사고와 타협에 기초한 공동의 노력 이외의 것이 아니다.

# 칼국수 만들기

휴일 오전 날씨가 청명하다. 아내에게 밀가루가 어디 있는지 묻는다. 아내는 "칼국수 만들려고?"라고 되묻는다. 칼국수! 그렇다. TV에서 삼시세끼 차줌마가 소박한 시골집에서 소박하게 칼국수를 만들어 소박하게 먹는 것을 보고 집에서 소박하게 칼국수를 만들어 소박하게 먹고 싶어졌다.

밀가루를 꺼낸다. 아내가 말하는 대로 부드러운 밀가루와 콩가루와 맑은 물을 섞어 밀가루 반죽을 만든다. 계란은 아내가 깨어 넣는다. 밀가루 반죽이 생각보다 많이 손가락에 달라붙는다. 사실 칼국수를 만드는 일은 난생 처음이다. 손에 붙은 밀가루 반죽을 떼어 내느라 애를 먹는다. 아내는 물을 많이 부었기 때문이라면서 반죽 양푼에 밀가루를 더 붓는다.

손가락에 달라붙던 밀가루 반죽이 점차 덩어리가 되어간
다. 밀가루를 묻혀가며 양손으로 그 꿋꿋한 덩어리를 누른
다. 우리 부부와 네 명의 아이들이 먹을 양이므로 덩어리가
적지 않다. 많이 치댈수록 면발이 쫄깃해진다면서 아내가 응
원한다. 그 큼직한 덩어리를 스테인리스 양푼에 담아 양손으
로 굴리고 포개며 눌러 치대는데 자꾸 웃음이 나온다. 조금
부끄럽고 민망해 입을 다물어도 입 사이로 웃음이 샌다. 아
내도 마주보면서 웃는다. 세상에, 밀가루 덩어리를 만지는데
왜 웃음이 나오는 거지?

이 웃음은 어디서 오는 것일까. 이 까닭 모를 즐거움은 어
디서 생기는 걸까. 밀가루 덩어리의 소박함에서 나오는 걸
까. 작고 순수하고 보람 있는 일이 주는 위안에서 오는 걸까.
가족들이 함께 먹을 것을 만드는 기쁨에 번져오는 걸까. 밀
가루 덩어리의 살가운 느낌이 손가락에서 팔을 타고 올라오
는 걸까.

식탁 유리판 위에 밀가루 덩어리를 놓고 둥근 밀대로 천천
히 그리고 가볍게 민다. 밀가루 덩어리가 점점 넓고 얇게 펴
진다. 어릴 때 기억이 살아난다. 어머니가 칼국수 면을 만들
던 모습이 떠오른다. 어머니도 가족들이 먹을 칼국수를 만들
면서 웃음 머금으셨던가.

아내는 멸치를 넣고 물을 끓인다. 나는 아내가 이르는 대로 넓고 얇고 둥글게 펴진 반죽에 밀가루를 묻혀가며 여러 겹으로 접은 후 칼로 썬다. 아내가 멸치 우린 물에 국수 면을 푼다. 호박과 배추, 양파, 감자, 바지락도 넣어 함께 삶는다. 아이들을 부른다. 여섯 개의 그릇에 담긴 뜨거운 칼국수를 함께 식탁에 둘러앉아 호호 불거나 후루룩 먹는다.

시인 백석은 1941년에 발표한 그의 시 「국수」에서 "아, 이 반가운 것은 무엇인가/ 이 히수무레하고 부드럽고 수수하고 슴슴한 것은 무엇인가/ 겨울밤 쩡하니 익은 동티미국을 좋아하고 얼얼한 댕추가루를 좋아하고 싱싱한 산꿩의 고기를 좋아하고/ 그리고 담배 내음새 탄수 내음새 또 수육을 삼는 육수국 내음새 자욱한 더북한 샅방 쩔쩔 끓는 아르굳을 좋아하는 이것은 무엇인가/ 이 조용한 마을과 이 마을의 의젓한 사람들과 살뜰하니 친한 것은 무엇인가/ 이 그지없이 고담(枯淡)하고 소박(素朴)한 것은 무엇인가"라며 평안도 메밀국수를 노래한다.

그대도 휴일을 맞아 칼국수를 만들면 어떨까. 온갖 재료와 온갖 주방도구를 갖추고 요리솜씨에 말솜씨까지 뽐내는 선생이 만드는 요리가 아니라 소박한 마음으로 소박하게 만드는 국수 말이다. 그대가 중년의 남자인 것도 개의치 말자. 고

단하거나 우울하면 더욱 소매를 걷고 밀가루를 반죽하자. 양손으로 그 덩어리를 누르고 굴리고 포개고 치대자. 그리고 웃음이 나오면 마음껏 웃어버리자. 휴일 집에서 칼국수를 만들며 시인의 예찬과 같이 반갑고 살뜰하니 친하며 웃음까지 얻는다.

# 조선통신사(朝鮮通信使)

"저것 봐, 너무 무질서하잖아. 버스가 정차하는 장소인데 승용차까지 마구 몰려 마음대로 세우고 타는 모습 봐. 일본과 너무 차이나지 않아? 질서를 저렇게 안 지켜서야….”

변호사 가운데 한 분이 혀를 차며 말하자 다른 분들도 한 마디 거든다. "외국에서 외국인들이 질서를 지키는 것을 보았을 텐데도 우리는 정말 고치지 않는군.", "세월이 흘러도 배우지 않고, 바뀌지 않는 것도 여전해."

후쿠오카에서 비행기를 타고 부산국제공항에 내려 대구로 가는 전세버스를 타기 위해 공항건물 밖에서 이동하던 중이었다. 공항건물 밖은 버스와 승용차들과 사람들로 혼잡했다. 우리 일행은 대구지방변호사회와 히로시마 변호사회의 공동 세미나에 참석차 히로시마와 시코쿠 일대를 둘러보고 돌아오는 길이었다.

히로시마 변호사회와 공동세미나가 끝난 당일 양국 변호사들이 함께 히로시마 인근의 다케하라 관광에 나섰다. 방문 장소 가운데 조선통신사가 잠시 머물렀다는 곳이 들어 있었다. 조선통신사의 사절단이 쓴 현판이 걸린 절을 둘러보고 나오는 길에 일행들 간에 조선통신사를 두고 대화가 이어졌다. 대구지방변호사회에는 한국사뿐만 아니라 일본사에도 정통한 분들이 몇 분 있었다.

"임진왜란을 일으킨 토요토미 히데요시가 병사하자 세키가하라 전투를 통해 반대파를 죽이고 정권을 장악한 도쿠가와 이에야쓰가 에도막부를 열고 조선에 국교재개를 명분으로 사절단 방문을 요청했어. 조선통신사 파견은 일본의 요구에 의해 시작된 거야."

"일본은 조선통신사를 극진하게 환대해 주었어. 조선통신사가 오면 일본의 내로라하는 인물들이 몰려와서 자신들이 쓴 시문을 봐주기를 간청하기도 하고 조선 문관으로부터 문장을 얻으려고 애쓰는 등 문화 교류에 적극적이었어. 뭐든 배우려고 했던 거지. 그런데 정작 조선의 통신사 일행은 일본을 둘러보면서도 일본으로부터 아무것도 배우려 하지 않았고 배우지도 못했어."

"1600년대 당시에 일본은 사실 거의 모든 면에서 조선을 압도하는 상황이었지. 그럼에도 조선의 위정자들은 일본의 위정자들이 어떻게 백성을 이끌고 경제와 산업의 발전을 이뤄나가는가를 관심도 없었고 눈으로 직접 보아도 알려 하지 않았어."

"조선통신사는 일본의 실상과 문물을 보고 듣고 경험할 수 있는 좋은 기회였어. 하지만 조선 관리들은 일본을 무시하는 마음이 가득했어. 조선통신사 제술관인 신유원이 쓴 『해유록(海遊錄)』에도 그런 마음이 잘 나타나 있지. 조선통신사는 200년 이상 이어졌지만 조선으로서는 의미가 없는 일로 그쳤어. 안타까운 일이야."

"신유원은 당대의 지식인이지만 일본에 대해 좋게 평하는 글을 쓰면 조정에서 배척당하기 때문에 오히려 일본에 대해 아무것도 배울 게 없다고 나쁘게 쓴 것일 수도 있지."

"일본도 1811년을 마지막으로 조선통신사를 더 이상 요청하지 않았지. 이미 일본의 국학자들은 조선으로부터 배울 것이 없다고 판단해서 조선통신사 접대를 반대했지."

"일본과 조선의 지배층은 당시에도 전혀 달랐어. 조선은 관리들과 양반들이 성리학으로 위장하여 기득권을 철저하게 유지하고 부패와 탐욕으로 백성들을 수탈하기에 급급했어.

그러나 일본의 지배층은 한결 나라의 미래를 구상하고 연구하고 제도화했지. 근대사에 있어 한국과 일본의 차이는 바로 여기에서 비롯된 거야. 조선은 망할 수밖에 없는 나라였어."

"지금도 똑같은 일이 벌어지고 있는 것 아닌가 우려돼. 우리 위정자들은 진정으로 나라를 걱정하기보다는 자신의 지위나 물욕만 채우려고 하고 우리도 일본을 무시하고 아무것도 배우려고 들지 않으니 말이야."

전세버스를 타고 부산국제공항을 빠져나오는데 공항버스 승강장은 여전히 사람과 버스와 승용차로 엉켜있었다.

# 파리의 학살

지난 11월 13일 금요일 아름다운 파리가 수니파 무슬림 테러조직인 IS의 살상 목표가 되었다. 식당에서 경기장 주변에서 카페에서 공연장에서 거리에서 가족이나 친구나 동료나 연인과 금요일 밤을 보내던 시민들 가운데 132명이나 되는 사람들이 죽었고 그보다 더 많은 사람들이 다쳤다.

그들은 마른하늘에 날벼락처럼 전혀 예상치도 못한 장소에서 전혀 예상하지 못한 죽음을 맞이해야 했다. 사망자의 가족들은 사랑하는 아버지, 어머니, 아들, 딸의 낯선 죽음에 통곡했고 친구나 동료나 연인은 사랑하는 이의 죽음에 넋을 잃었다. 살상 현장에서 살아남은 사람들도 중상을 입거나 죽음의 공포에 떨어야 했다.

피해자들은 테러범들이 내세우는 어떠한 명분과도 관련되

지 않고 테러범들로부터 살상을 당할 하등의 이유도 없다. 도대체 왜 테러를 당하여야 하는지 물을 수조차 없는 무고한 사람들이다. 그들은 우연히 테러범들의 범행 장소에 있었을 뿐이다. 테러범들은 아무런 죄 없는 시민들을 무자비하게 집단적으로 학살했다.

강도가 등 뒤에서 사람을 공격하는 것과 같이 비열하게도 등 뒤로 몰래 들어와 아무런 대응능력이 없는 사람들을 향해 총탄을 마구 발사했다. 식당에서 공연장에서 가족이나 친구들과 공연을 보거나 담소를 나누던 죄 없는 사람들에게 살인행각을 벌인 것이다.

테러범들은 집단적 광기 속에서 무고한 사람들을 상대로 총을 기계적으로 난사하다가 마지막에 스스로 자폭했다. 하드코어 게임처럼 살인과 자폭이 프로그램화되어 있는 것이 아닌가 하는 생각이 들 정도이다.

테러범들은 마치 심판자인 것처럼 무고한 사람들에게 총을 들이대면서 신을 믿느냐고 물었다고 한다. 그들이 그 자리에서 외쳤다는 알라는 위대하다는 말처럼 신을 믿느냐고 묻는 그들의 질문은 연극 대사처럼 공허하다. 그들의 살상현장에는 그들의 신조차 있지 않았을 것이다. 그들이 벌인 일은 비열한 살인행위로 신이 설령 존재한다고 하더라도 신의 뜻과는 아무런 상관이 없기 때문이다.

무라카미 하루키는 『언더그라운드』라는 책을 썼다. 일본 옴진리교의 도쿄 지하철 사린가스 살포로 죽음을 당한 열세 명의 시민에 대한 이야기를 다룬 논픽션이다. 그는 "가해자 측이 아니라 피해자 측 인터뷰만 최대한 많이 모으기로 결정한 동기는 그때까지 일본의 매스미디어에 피해자의 목소리가 거의 등장하지 않았기 때문이다."고 밝힌다.

그는 "나는 그들 피해자에게도 생생한 얼굴과 목소리가 있다는 사실을 알리고 싶었다. 그들이 대체될 수 없는 개별자이자 동시에 각자 고유한 이야기를 가지고 살아가는 더없이 소중한 존재임을, 요컨대 그들은 어쩌면 나고 당신이었을지도 모른다는 것을 조금이나마 드러내고 싶었다."고 전한다.

오래전 겨울 파리를 아내와 함께 둘이서 돌아다닌 적이 있었다. 파리는 런던이나 뮌헨보다 버스와 지하철에는 흑인을 포함한 다양한 인종들이 훨씬 많았고 그들로 인해 다소 자유로우면서도 혼잡한 느낌을 주었다. 이방인들과 여행자들에게 개방적인 파리와 파리 시민들이 금요일 충격적인 테러로 입어야 했던 말할 수 없는 슬픔과 고통을 위로하고 죽은 이들을 추모한다. 다친 이들도 하루빨리 회복되기를 바란다.

# 젊은 날의 고뇌

가을이 깊어지면 젊은 날의 고뇌가 기억된다. 가을, 더구나 비 내리는 늦가을은 사람을 침잠(沈潛)하게 만든다. 낙엽은 거리를 뒤덮고 산은 이미 단풍을 잃었다. 서늘한 가을밤 잠시나마 젊은 시절에 대한 회상에 빠진다.

누구나 그렇듯이 내 젊은 날도 갈피를 잡을 수 없는 시기였으며 마음속에 포부가 격동하는 시절이었다. 희망과 좌절, 불굴과 가난이 겹쳐 늘 무언가 부족했고 알 수 없는 것을 찾고 있었다.

나이가 들면서 가지는 고뇌는 젊은 시절의 고뇌보다 깊지 않다. 고뇌의 시간도 짧다. 깊고 오래 고뇌하기에는 상황이 허락하지 않는다. 가족과 직장과 사업과 관련하여 하루하루 살아가기 위해 순간순간 결단해야 하는 그것뿐이다.

젊음의 고뇌는 대체로 존재 자체에서 오는 고뇌로 깊고도 혼란스럽다. 그것은 본능적으로 뒤로 물러나지 않는 의지에 바탕을 둔다. 목적지를 알 수 없는 먼 여행을 앞둔 것처럼 설레면서도 불안하고 무모하면서도 삶을 관통하고 극단적이면서도 본질적이다.

실의와 혼돈의 시기에 이하(李賀, 790~816)의 시 「숭의리체우(崇義裡滯雨)」의 한 구절을 우연히 읽었다. 일천여 년 전 고뇌 속에서도 꿈을 꾸는 젊음이 되살아나는 것처럼 느껴졌다. 시간을 건너 오래 전 젊은 시인의 고뇌가 여전히 남아 꿈틀대는 것 같았다.

숭의리체우(崇義裡滯雨) 숭의리에서 빗속에 갇혀

― 이하(李賀)

낙막수가자(落莫誰家子) 낙막하구나! 뉘 집 아들이기에
내감장안추(來感長安秋) 장안까지 와서 가을을 슬퍼하는가
장년포기한(壯年抱羈恨) 한창 나이에 떠도는 한을 품고
몽읍생백두(夢泣生白頭) 꿈속에 흰 머리가 생겨 우네
수마말패초(瘦馬秣敗草) 여윈 말은 쓰러진 풀을 뜯고
우말표한구(雨沫飄寒溝) 비는 물거품을 일으키며 찬 도랑
에 떨어지네

남궁고렴암(南宮古簾暗) 남쪽 궁궐이 낡은 주렴 너머로 어
        둑하고
습경전첨주(濕景傳籤籌) 비 젖은 풍경 속에 시간을 알리는
        소리가 울리네
가산원천리(家山遠千里) 고향 산은 천리나 멀고
운각천동두(雲脚天東頭) 구름은 하늘 동쪽머리 아래 걸쳐
        있네
우면침검갑(憂眠枕劍匣) 칼집 베고 시름 속에 잠드니
객장몽봉후(客帳夢封侯) 객장에서 제후를 꿈꾸네

젊은 시절의 고뇌의 한 장면이 비 내리는 날의 가을 풍경
속에 빛난다. 그의 고뇌와 더불어 가까이로부터 먼 곳으로,
이 거리에서 저 궁궐을 지나 먼 하늘에 이르기까지, 빗속에
서부터 꿈속으로까지 번진다. 젊음의 고뇌는 그 옛날이나 오
늘이나 다름 아니리라.


이하(李賀)는 이백(李白), 두보(杜甫), 왕유(王維)와 더불
어 당(唐)나라의 4대 시인으로 알려져 있다. 27살 나이로 요
절했다.

겨울

# 토지 소유

나는 대학과 군대 시절 마르크스주의 또는 사회주의에 매료됐다. 사회주의 사상은 인간에 대한 차별을 반대하고 평등을 꿈꾸는 인간적인 사상이기 때문이다. 사회주의 혁명을 다룬 레오날드 샤피로의 『소련공산당사』, 김학준의 『러시아 혁명사』, 에드가 스노우의 『중국의 붉은 별』, 혁명을 다룬 테다 스코치폴의 『혁명의 비교연구』, 욕망과 이념의 변화를 다룬 장일조의 『욕망의 충족과 변화체계』, 노동조합을 다룬 랄프 다렌도르프의 『산업사회의 계급과 계급 간의 갈등』 등의 책을 독서하기도 했다.

혁명, 계급, 사회주의 이런 것에 대한 나의 관심은 오래 지속되지 못했다. 딱 직장에 들어가기 전까지였다. 1980년대는 세계적인 경기호황과 더불어 우리나라 연평균 경제성장

률도 고점을 찍고 개인소득증가율이 가파르게 상승하는 시기였다. 단임제에 따른 평화적인 정권교체로 민주화까지 이루었고 소련의 붕괴와 중국의 개방으로 '성장의 열기' 속에서 사회주의가 발을 디딜 틈이 없어졌다. 나 역시 직장에 들어간 이후 많은 젊은이들과 마찬가지로 사회주의에 더 이상 관심을 쏟지 않았다.

그런데 최근 저성장 시대를 맞이해 사회 계층 간의 이동가능성이 없어지고 계층 간의 신분이 고착화되고 오히려 다수가 사회하층민으로 전락할 것으로 우려되는 상황이 등장하면서 우리 근현대사에 등장한 자본주의와 사회주의 간의 이념갈등이 복지논쟁의 형태로 다시 촉발되는 것이 아닌가 하는 생각을 하게 된다.

한국 근현대사에 존재하는 자본주의와 사회주의의 투쟁은 무엇보다 토지 소유의 정당성을 둘러싸고 격돌한다. 조선왕조의 붕괴와 식민치하를 거쳐 마침내 얻게 된 해방 정국에서 가장 중요한 문제가 일제하의 반민주적, 식민적 토지소유관계를 청산하는 것이었다. 일제의 토지소유관계는 조선왕조 지배체제하의 왜곡된 토지 소유를 그대로 내포하고 있었다.

일제의 정치와 경찰 조직과 경제적 자산을 그대로 물려받은 남한정부는 농지에 국한하여 토지개혁을 시도하였다. 자산의 중요한 몫인 도시와 농촌의 주거지역 대지와 임야 등을 모두 제외한 것이다. 농지개혁도 부분적인 개혁과 분배에 그쳐 그 결과 과거의 왜곡된 토지소유관계가 현재까지 일정 부분 남아 있다.

우리 근현대사에 있어서 토지는 거의 유일한 경제자산이다. 토지를 소유한 자는 자본가로서 우월적 지위에서 부를 축적할 수 있었으나 토지를 소유하지 못한 자는 노동력을 제공함으로써 생계를 유지할 수밖에 없었다. 1960년대 후반부터 산업현장에서 공순이, 공돌이로 불리면서 노동력을 제공한 사람들이 바로 그들이다. 역설적이지만 아무런 토지도 가지지 못한 그들의 존재가 바로 한국사회에 있어서 다수 기업의 성장과 자본축적을 가능하게 하는 동력이 되었다.

소수의 양반 지주들이 광범위한 토지를 소유하는 조선왕조 지배체제하의 토지소유관계나 이를 전제로 한 일제하의 토지소유관계를 정당한 소유관계라고 할 수는 없다. 해방 이후 토지개혁이 농지 일부의 유상분배에 그친 것은 당시 지배지주들의 저항이 있었다고 하더라도 극히 미흡한 것이었다. 이러한 토지 소유관계를 일거에 청산하는 것은 혁명이 아니고는 불가능했을지도 모를 일이다.

우리 사회는 토지 소유에 따른 부의 대물림 현상이 심화되고 사회계층의 양극화도 가속화되고 있다. 토지소유관계에 대한 정당성의 한계는 과도한 임대 소득과 부의 대물림을 방지하는 정책의 방향타(方向舵)가 되어야 할 것이다.

# 노년의 존재감

내가 노년의 존재감에 대해 생각을 하게 된 계기는 전(前) 대통령의 죽음 때문이었다. 아니 그의 죽음 자체가 아니라 그의 죽음으로써 그의 존재를 새삼 되새기게 되었다. 그가 대통령을 퇴임한 이후 죽음에 이르기까지 짧지 않은 노년의 세월 동안 도대체 무엇을 하고 있었는지 의문이 들었기 때문이다.

그가 퇴임할 때 나라 경영에 실패한 대통령이라는 평가가 일각에 존재했기 때문인지는 알 수 없으나 동네 주민들과 함께 어울려 배드민턴을 치면서 대통령 퇴임 이후를 소일한 것 같다. 그는 퇴임 직전에 스스로 이미 자신은 70세이며 정치활동을 하지 않을 것이며 모든 것을 끝내는 것이 옳다고 생각하며 자신은 평범한 시민으로 돌아갈 것이라고 밝혔다고 한다.

　그는 젊은 시절부터 장년에 이르기까지 민주투사로서 끝없는 투지를 보였으며 야당 정치인으로서 왕성한 활동을 자랑했다. 3당 합당을 통해 마침내 대통령까지 된 그가 퇴임 후 18년을 보내며 중요한 경험과 가치관을 되돌아보고 정리하고 나누는 시기로 활동을 하였더라면 하는 아쉬움이 있다.

　어쩌면 그도 대통령까지 지냈지만 다른 많은 퇴직자들처럼 대통령 직책에서 물러난 후 할 일을 찾지 못하고 무료하게 노년을 보낸 것일 수도 있다. 사실, 노년은 인간의 삶에 있어 무기력에 시달리고 죽음에 이르는 시기로 여기기도 한다.

　시몬느 드 보봐르의 역저 『노년』도 7백여 쪽 대부분이 노년의 위축되고 우울한 모습을 드러내고 있다. 보봐르는 '노인은 자기 시대를 잃고 자기 자신을 잃고 살아간다'고 말한다. 우리 사회에서도 대부분 노년은 자기 자신을 잃는 시기, 말하자면 존재감을 상실하는 시기라고 할 것이다.

　우리 현대사는 격변과 생존과 경쟁이라는 말로 요약된다. 지금의 노년층을 형성한 사람들이 청·장년 시절을 보낸 1970년대 이후 우리 사회는 온몸을 던져 생존과 경쟁에 몰입해왔다. 이런 상황에서 활동력이 떨어지는 노년의 삶은 더부살이로 여겨진다. 노년의 삶에 대한 우리 스스로의 불

구(不具)와도 같은 인식은 여기에 뿌리가 있는 것이 아닌가
한다.

우리 사회에서 노년의 목표는 오로지 생물학적으로 늙지
않는 데에 있다. 그러나 늙는 것을 늦출 수는 있어도 늙지 않
을 수는 없다. 생물학적으로 늙음을 늦춘다고 하더라도 그것
만으로 삶이 제대로 존재한다고 보기에는 부족하다. 삶은 정
신적인 무엇을 요구하기 때문이다.

보봐르는 "사람들은 종종 노년을 준비하라고 충고한다. 그
러나 그것은 단지 돈을 저축하고 은퇴생활을 할 곳을 정하고
취미를 만드는 것에 그칠 뿐이다. 차라리 노년에 대해 생각
하지 않고 정당하고 참여적인 인생을 살아가는 것이 낫다."
고 말한다.

많은 사람들이 젊은 시절에 왕성하게 활동하다가 노년에
들면서 무기력하게 지내는 것은 안타까운 일이다. 노년이 무
대에서 사라지는 시기가 아니라 성숙된 삶을 마무리하는 시
기라면 그것은 젊은 시절보다 더욱 삶 전체를 돌아보고 정리
하고 결론짓는 의미 있는 시간이어야 할 것이다.

보봐르는 "노년이 이전 삶의 우스꽝스러운 하찮은 모방이
되지 않게 하기 위한 해결책은 단 하나밖에 없다. 그것은 우
리 삶에 의미를 주는 목표들을 각자가 계속해서 추구하고 헌

신하는 것뿐이다."라고 말한다. 우리 사회는 고령화 사회에 접어들고 있다. 성숙한 노인들이 경험과 여유와 소유를 이웃에 나눔으로써 노년의 존재감이 때때로 빛나는 사회가 되었으면 한다.

# 내가 만약 대통령이라면

나는 대통령이 되겠다는 생각을 한 적이 전혀 없다. 어릴 적부터 한 분이 장기간 계속 대통령을 하고 있었고 부모님은 정치는 고사하고 동네 동장조차도 하지 못한 시골 분이었던 탓도 있었을 것이다. 어른들로부터 대통령이 되기 위해서는 무언가 특별한 것을 타고나야 한다는 말을 듣기도 했다. 그러나 세상이 달라졌다. 5년마다 대통령이 새로 나온다. 특별한 사람이 대통령을 하는 것은 아니라는 생각도 든다. 오히려 답답한 면도 보인다. 그래서 내가 대통령이라면 어떻게 할까라는 생각도 우연히 해본다.

내가 대통령이라면 가급적이면 많은 사람들을 만나겠다. 대통령이 돼서 좋은 점 가운데 하나가 누구나 만날 수 있고 대통령이 만나려고 하면 누구나 좋아할 것 같은 거 아닐까.

부자나 유명인들을 만나기보다 평범한 사람들을 만나겠다. 그들에게 기쁨이 클 터이고 그 사실만으로도 대통령도 기쁠 테니까.

　일자리를 찾지 못해 좌절하는 젊은이들, 사고를 당하여 병원에서 고통 받는 사람들, 부모의 이혼으로 상처 입은 아이들, 가난한 삶을 벗어나지 못하는 가장들, 한때의 잘못으로 교도소에서 생활하는 수형자들도 만나고 싶다. 그들도 모두 이 나라 국민들이며 어쩌면 가장 응원이 필요한 사람들 아닌가. 내가 대통령이고 더구나 홀로 지낸다면 내 식사에 재산이나 지위나 능력이 없더라도 성실하게 살아가는 사람들, 삶을 사랑하는 사람들, 경쟁에 이기지 않고도, 돈이 없어도 열심히 살아가는 사람들을 초대하겠다.

　여당의 대통령만이 아니라 야당의 대통령도 되겠다. 야당의 요구에 귀를 기울이고 때로는 그 요구를 수용하겠다. 반대파를 미워하기보다는 포용하거나 설득하겠다. 나라를 온전히 이끌어야 하는 가장 큰 책임이 대통령에게 있지 않은가.

　지금 같은 상황이라면 야당의 요구에 따라 국사교과서 국정화를 포기하겠다. 현재의 국사 교과서의 서술방향에 대해 문제가 있다는 점을 이미 국민들에게 충분히 지적했으므로 더 이상 이념논쟁이 일어나지 않게 하겠다. 사실 역사교육이 눈앞의 현실을 좌우할 수는 없다. 북한만 보더라도 역사교과서와 역사교육이 충분치 않아 탈북자가 속출하는 것이 아니지 않는가.

내가 대통령이라면 이 나라에서 일하고자 하는 사람들이 일할 수 있게 하겠다. 일을 함으로써 자립하고 가정을 꾸리고 삶의 안정을 누릴 수 있도록 하는 것을 정책의 최우선 과제로 삼겠다. 사람을 고용하고 일자리를 제공하는 기업과 경영자를 누구보다도 존중하고 우대하겠다. 땀 흘려 일하여 얻는 근로소득에 매달리는 대다수 노동자들이 좌절하지 않도록, 부동산 임대료 수입이나 자산소득에 대해서는 세율을 높여 일하지 않고도 잘 먹고 잘사는 사람들이 없도록 하겠다.

국가예산도 줄이겠다. 공무원 수와 각종 국가기관의 수, 위원회 수가 왜 그렇게 많은가. 일본보다 터무니없이 많은 중앙과 공공기관의 공무원 수를 줄이고 고위직 공무원의 급여를 대폭 줄이겠다. 국가 예산이 '눈먼 돈', '먼저 먹는 놈이 임자', '나눠 먹기식 예산'이라는 말을 듣지 않도록 국가사업이나 국고보조를 철저하게 관리하겠다.

몇 가지 말했지만 대통령은 해야 할 일이 정말 많을 것이다. 혼자서 할 수 없는 일이다. 이 일들을 하기 위해 내게 아부하는 사람들이 아니라 떳떳하고 소신 있고 청렴한 사람들을 찾아 일을 맡기고 믿고 쓰겠다. 그들이 일을 해나가는 데 그들의 고민과 관심을 함께하고 대통령으로서 늘 격려하겠다. 마침내 대통령 임기를 다하여 퇴임하는 날 기쁜 마음으로 대통령 자리에서 물러나겠다. 다음 대통령이 있지 않는가. 그리고 정치보다는 마음 편하게 인생도 즐기고 봉사하며 남은 삶을 살아가겠다.

# 법정에서

변호사로서 법정에 출입하다 보면 법정에도 분위기가 있다는 것을 알게 된다. 그 분위기는 우선 판사가 만든다. 차가운 성격의 판사는 법정을 차갑게 만든다. 권위적인 판사는 권위적인 법정을 만들고, 따뜻한 성격의 판사는 온기가 있는 법정을 만든다. 소송당사자도 법정 분위기를 만든다. 자기주장이 강한 당사자는 법정 분위기를 토론장 비슷하게 만든다. 비굴할 정도로 판사에게 굽실거리는 당사자는 법정을 부끄럽게 만든다. 이런 사람일수록 대체로 상대방에게는 매우 냉혹하고 공격적이다.

흔히 보고 듣는 법정의 모습은 싸움터의 모습이다. 당사자들은 서로 상대방을 공격한다. 그러면서도 판사를 자신의 편으로 끌어 들이기 위해 판사에게는 굽실거린다. 왜냐하면 판사는 심판이라고 하지만 단순한 심판이 아니라 소송의 승패를 자기 논리로 결정할 수 있는 사람이라는 사실을 누구나 알기 때문이다.

법정은 승패를 결론짓기 위해 자기주장과 증거를 제시하는 곳이지만 이런 행위들은 논리적이고도 이성적인 진술에 의해 진행되어야 한다. 이성적인 법정을 만들기 위해서는 무엇보다 소송 참가자들이 모두 존중받는 법정이 되어야 한다.

이성은 인격적인 분위기가 아니면 그 힘을 발휘할 수 없기 때문이다. 인격적인 분위기의 책임은 판사에게 있다. 판사는 소송당사자를 존중해야 하고 특히 소송당사자 간에 서로 상대방을 존중하도록 만들어야 한다.

소송은 흔히 생각하는 것과는 달리 도덕적인 선악을 결정하는 것이 아니다. 민사소송에서 이겼다고 해서 승소한 사람이 패소한 사람보다 도덕적이거나 패소한 사람이 승소한 사람보다 나쁘다는 것은 비약이다. 형사재판에서도 마찬가지다. 판사가 피고인에게 유죄의 판결을 한다고 해서 판사가 피고인보다 더 나은 인간인지 단정할 수는 없다.

도덕적인 선악 판단은 한 인간의 인격에 대한 총체적인 판단이다. 판사가 내릴 수 있는 성격의 것이 아니다. 소송은 증거와 법리에 의한 결과일 뿐이다. 법정은 한 인간에 대해 도덕적으로 처벌하기 위해 존재하는 것도 아니고 도덕적인 판단이라고 하기에는 재판은 외면적이고 부분적이다. 도덕적인 처벌을 법원에서 할 이유도 없다.

소송결과가 언제나 진실에 따르는 것도 아니다. 판사가 선입견과 잘못된 증거판단으로 한쪽으로 몰아 오판을 내리고 이 오판이 논리와 권위로 무장하여 연속적이거나 집단적인 오판을 낳기도 한다. 대법원에서조차 잘못된 판결이 구제되지 않는 경우가 존재하는 것이 현실이다.

사람은 원래 듣고 싶은 것만 듣고 보고 싶은 것만 보려고 한다. 사람이 가지고 있는 선입견이 다른 사람의 말을 제대로 듣지 못하게 하며 사물을 제대로 보지 못하게 한다. 판사가 선입견에서 벗어나 공정한 법정을 만들기 위해서는 판사 스스로 선입견을 배제하고 양쪽 모두에게 귀를 열어야 한다. 소송당사자들을 모두 인정하고 존중하는 분위기에서 변론을 진행하고 그 결과가 판결에 공정하게 나타나야 한다.

소송은 선악의 싸움도 아니고 진실과 거짓의 싸움도 아니다. 특히 민사소송은 생각의 차이고 의견의 차이고 해석의 차이가 대부분이다. 진실과 거짓은 타협할 수 없지만 생각의 차이나 의견의 차이는 충분히 조율될 수 있다. 소송에도 조정이나 화해가 존재하는 것은 그 때문이다.

# 판결과 정치

재판의 결과물인 판결문을 받아본 사람 상당수가 판결문에 설득되기보다는 당황하거나 분개한다. 판결문이 지나치게 한쪽으로 몰아붙이고 있는 것으로 보이기 때문이다. 실제 판결은 일방적이기 쉽다. 양쪽 중에 한쪽을 손들 수밖에 없다 보니 손드는 쪽의 주장을 지나치게 받아들이고 반대쪽의 주장을 지나치게 배척하게 된다. 이런 일은 형사판결문에 더 심하게 나타난다.

최근 국민참여재판으로 세간의 관심을 모은 상주 농약 살인사건과 같이 피고인이 억울함을 호소하고 실제 피고인의 살인동기가 부족하고 정황이 불분명하더라도 반드시 무죄가 되는 것은 아니다. 유죄의 증거와 무죄의 증거를 비교 판단하여 유죄의 증거가 더 믿을 만하다면 유죄 판단을 내릴 수 있다. 증거의 증명력에 대한 판사의 이러한 주관적 판단을 자유심증주의(自由心證主義)라고 한다.

일단 유죄가 인정되면 판사는 판결문에 "범행동기가 애매하고 일부 증거나 주장에 따르면 피고인이 범행을 하지 않았을 수도 있지만 피고인이 범행을 한 것으로 볼 수 있는 증거나 주장이 더 믿을 만하므로 피고인을 유죄로 인정한다." 는 식으로 적지 않는다. 오히려 유죄의 근거가 되는 증거만 인정하고 무죄의 가능성을 담은 증거는 배척한다. 또한 범행 경위와 증거가 불분명하여 무죄 주장을 하는 피고인이 범죄를 저지른 것이 명백하여 인정할 수밖에 없는 피고인보다 "뉘우치지 않는다."는 이유로 대체로 더 높은 형량의 처벌을 받기도 한다.

이처럼 판사는 정반대 주장을 하는 양쪽을 두고 이쪽도 옳고 저쪽도 옳다거나 이쪽도 틀리고 저쪽도 틀리다는 식으로 결론을 내리지 않는다(전혀 없는 것은 아니다). 원고의 청구에 대해, 검사의 기소에 대해 인정 여부를 선택하고 판사 자신의 결정이 옳다는 전제에 따라 논리를 세우고 증거를 제시하다 보면 판결문에는 한쪽으로 모는 내용이 담기게 된다.

재판의 결론인 판결주문(判決主文)은 칼로 자르듯이 단호하고 명쾌하다. 그러나 세상사 가운데 판결(判決)로 해결되는 경우는 극히 일부분이다. 그 해결이라는 것도 일견 확실한 것처럼 보이나 사실은 사후정리(事後整理)를 위한 일방적인 몰아치기인 경우도 적지 않아 주장이 받아들여지지 않은 당사자에게는 상처와 더불어 사법불신(司法不信)을 남기기도 한다.

세상사는 한쪽 주장이 일방적으로 전부 옳은 경우는 드물다. 대개 누구 말이 맞는지 애매하고 혼란스러운 것이 현실이다. 늘 한쪽 말만 맞는 것이 아니라 쌍방의 주장이 맞기도 하고 틀리기도 할 수 있다. 원인과 결과를 잇는 인과관계가 명쾌한 경우도 있지만 혼란스러운 경우도 적지 않다.

전통적인 판결 방식은 현실을 정확하게 반영하지 못한다며 판결문에 일방적으로 한쪽으로 몰아치기보다 확신의 정도를 나타내는 확률적 심증에 따라 판결을 하자는 견해도 있다. 이 확률적 심증론(確率的 心證論)은 민사사건에 있어 조정이나 화해권고제도로 반영되기도 한다.

정치는 판결과는 방향과 성질이 다르다. 정치는 한쪽을 손들어주는 행위가 아니라 전체 국민과 현실을 미래지향적으로 이끌기 위해 신념을 달리하는 사람들과도 타협하고 협상하고 설득하여 공통의 목표를 찾아내 공동의 노력을 기울이게 하는 행위이다.

그런데 이 나라 정치에는 판사의 판결보다도 더 단호하고 확신에 찬 수사가 난무한다. 정치인들이 자신은 옳고 상대방은 틀렸다고 극단적으로 주장한다. 한쪽을 몰아치는 정치가 신념의 정치인 것처럼 여겨지기도 하고 지지자들을 열광시키기도 한다.

나는 확신에 찬 사람을 믿지 않는다. 독일의 대문호 괴테의 작품 『파우스트』에 나오는 "인간은 노력하는 한 방황한다."는 말처럼 확신에 찬 인간은 더 이상 고민하지 않고 노력하지 않으며 사고가 굳은 인간일 가능성이 높기 때문이다.

정치인의 확신에 찬 수사는 신념을 담은 말이 아니라 사람들의 편을 갈라 적어도 한 쪽을 자기 지지자로 만드는 '분열시키고 지배하는(divide and rule)' 술책이거나 자신의 몫이나 이익에 대한 확신을 포장한 경우가 허다하다. 국가와 국민을 위해 정직하게 타협하고 합리적으로 협상하며 진심으로 설득하는 정치인이 아쉬운 이유이다.

# 김무성 새누리당 대표

김무성 새누리당 대표는 매우 한가로운 분인 것 같다. 그는 최근 "70세가 넘어 선출직에 나가는 것은 옳지 못하다."며 "내년 총선이 마지막 국회의원 선거가 될 것이다."라고 밝혔다. 아마 70세가 넘으면 지력이나 체력이 떨어져 중요한 일을 하기는 무리라는 뜻인 것 같다.

나이 얘기를 하자면 70대에도 지력이나 체력이 문제되지 않는 사람도 얼마든지 있다. 김대중 대통령이 국정을 운영할 때나 레이건 미국 대통령이 재선에 성공할 될 때나 덩샤오핑(鄧小平) 중국 주석이 사회주의 중국에 시장경제를 도입하는 등 왕성한 활동을 할 때나 모두 70세를 훨씬 넘었었다.

무슨 이유로 선출직 정년을 70세로 잡았는지는 알 수 없지만 대부분 사람들은 70세가 아니라 60세에도 일하고 싶어도 기회조차 없는 게 현실이다. 김 대표는 얼마 전에는 함께 연탄배달봉사를 하던 아프리카에서 온 유학생에게 얼굴색이 연탄 색깔과 같다는 말을 던져 비난을 사기도 했다. 친근함을 나타내기 위한 농담이었다며 곧 사과를 했다. 그의 해명대로 호남형의 그가 아마 웃으면서 '농담으로' 던진 말이 맞을 것이다.

문제는 그가 이 나라 정치의 한 축을 맡고 있는 집권 여당의 대표임에도 정말 별 걱정이나 생각이 없는 사람처럼 보인다는 점이다. 그의 말이나 행동이 정치철학을 담고 있는 것으로 여겨지기보다 때로는 지극히 평상적인 데다가 소신마저 제대로 지탱할 수 없는 것 아닌가 한다. 그는 실제 청와대가 일갈하면 금세 뒤로 물러서는 것 같은 인상을 여러 차례 드러냈다.

그가 순전히 사람 좋은 탓에 집권여당의 대표를 맡고 있는 것이 아니라면 자신의 의지를 보여야 한다. 청와대의 요구에 따라 노동법안과 경제법안의 직권상정을 국회의장에게 요구할 것이 아니라 직접 야당과의 대화에 나서야 한다. 대화가 단순히 만나 요구사항을 이야기하는 정도에 그쳐서는 안 된다. 생산적인 대화가 되기 위해서는 과거의 경험과 미래에 대한 전망을 공유하여야 한다. 기본적인 인식을 공유하지 못한다면 대화가 될 수 없다. 상대방과 상대방의 요구에 대한 인식과 이해가 선행되어야 한다.

비록 야당이 내부적으로 사분오열하여 사납게 싸우고 있다고 하더라도 여당 수장으로서 야당과의 대화에 나서지 않으면 안 된다. 여당은 이념적으로 그게 그거지만 야당은 이념적으로 스펙트럼이 넓어 늘 분열하고 싸우는 데 아닌가. 그들이 엄연히 이 나라 국정의 상대로 존재함에도 여당이 야당의 내부 싸움을 두고 변명거리로 삼을 일이 아니다.

올 연말모임에는 경제에 대해 우울한 이야기 일색이다. 구미에서 수출 기업을 하는 친구는 경기가 침체상태에서 벗어나지 못하고 있다고 한다. 울산에서 조선기업에 다니는 친구는 수주물량이 없어 회사에서 쫓겨날 판이라고 한다. 무언가 변해야 하고 돌파구를 찾아야 한다고 입을 모은다. 정부는 예산을 늘리고 세금을 더 걷으려고 하지만 기업 활동과 내수는 점점 줄어들고 경기가 하향하면서 서민들은 점점 더 가난해지고 삶은 더 팍팍해지고 있다.

김무성 대표는 집권여당의 수장으로서 이 나라 미래에 대해 방향을 잡고 문제를 고치고 국민의 힘을 합쳐 앞으로 나가고자 한다면 지금처럼 한가한 이야기나 던질 것 아니라 이 나라의 미래와 경제에 대해 고민해야 한다.

# 가난한 이의 성탄절

성가대의 장엄한 찬송가가 교회 안에 울려 퍼진다. 제대 뒤에 십자가에 못 박힌 예수님의 야윈 몸이 유난히 눈에 띈다. 예수님이 가난한 탄생과 가난한 삶을 통해 특권층이 아니라 언제나 가난한 사람들 가운데 있음을 새삼 깨닫게 된다.

성탄미사에 제대에 선 신부는 예수님의 성탄을 기뻐하라고 말한다. '10월의 어느 멋진 날에'라는 노래까지 부른다. 예수님을 만나고 살아가는 이유, 꿈을 꾸는 이유 모두 예수님이라고 강론한다. 그러나 가난한 이에 대한 위로는 단 한 마디도 하지 않는다. 미사에 참석한 이들은 모두 부유하고 가난한 이들은 모두 교회 밖에 있는지도 모른다.

프란치스코 교황은 지난해 한국 방문 당시 한국 주교들과 만난 자리에서 예수님이 가난한 사람들과 함께한 사실을 들어 한국 교회가 부유해지는 것을 경고했다. 그리고는 한국 교회 성직자와 교회에 대해 가난한 이들과 함께하고 가난한 이들을 위해 행동할 것을 요청했다.

한국 주교들은 올해 바티칸 교황청에서 프란치스코 교황을 만난 자리에서 "(한국) 주교들이 먼저 복음의 기쁨을 살면서 '가난한 이들을 위한 가난한 교회'가 되고 고통 받는 이들과 연대하는 데 힘쓰겠다."고 다짐했다고 한다.

아직도 이 땅에는 많은 사람들이 가난과 소득불평등으로 고통 받고 있으나 이 땅의 고위 성직자들은 교회를 가난한 이들을 위한 교회가 아니라 부자들을 위한 부자 교회로 만들고 있다. 신자들로부터 돈을 긁어모으고 여기저기 땅을 사고 가난한 이가 차마 발을 들여놓기 어려운 수백억 원짜리 세속 교회를 짓고 있다. 이들에게는 "예수님이라면 교회에 필요한 것보다 가난한 이들에게 필요한 것을 먼저 하셨을 것"이라는 프란치스코 교황의 말씀이 들리지 않는가.

이 땅의 서민들은 점점 가난해지고 소득불평등에 시달리고 있다. 보통 사람들의 경제적인 삶은 노동시장의 경기에 따를 수밖에 없다. 기업들의 경기침체에 따라 우리 노동시장의 경기는 급격하게 나빠지고 있고 연말 감원을 하거나 감원을 예고하고 있다. 가난은 부분적으로는 개인의 문제일 수 있으나 전체적으로는 개인의 문제가 아니다. 우리 역사 속에 무능한 왕조나 무능한 정치로 인해 지속된 가난과 불평등이 이를 증명하고 있지 않은가. 가난은 상당부분 정책의 문제이며 정치의 문제이다. 경제정책을 결정하는 기관은 가난과 소득불평등에 대해 책임을 져야 한다.

현재 정부는 제대로 된 경제정책을 가지고 있는지 매우 의심스럽다. 현 정부의 경제정책은 사실 결과 면에서뿐만 아니라 준비 면에서도 낙제점이다. 정치인을 경제 수장(首長)으로 임명했으나 경제정책의 빈곤을 심화시켰을 뿐이다. 경기침체를 막았다고 자화자찬하지만 가계와 국가 부채는 가파르게 늘어난 반면 소득증가율은 제자리걸음을 했다. 더욱이 경제가 위기 상황임에도 총선을 위해 경제수장을 또 다른 정치인으로 교체하는 일마저 벌어지고 있다. 과연 현 정부가 진정으로 경기침체로 고통 받은 서민들을 위한 경제를 펼 의지가 있는지 의문이 들 지경이다.

12월의 성탄은 이 땅의 특권 정치인, 고위 관료, 대기업 소유자, 관료적 고위 성직자들의 즐겁고 행복한 자축(自祝)의 날이 아니라 '가난한 자를 위로하신 예수님'의 탄생과 행적에 대한 기억을 통해 가난하고 지치고 힘든 사람들이 위로받는 하루가 되어야 할 것이다.

# 불륜에 대해 한마디 하기

연초부터 불륜 이야기를 해서 뭐하지만 어느 재벌이 불륜 사실을 공개했다. 신문·방송에서도 떠들고 이혼소송 이야기까지 나왔다. 아내도 관심을 보이고 변호사인 남편에게 법적인 문제까지 물으니 한마디 하지 않을 수 없다.

뉴스를 듣고 휴대폰 인터넷까지 들여다본 아내가 말한다.

"멀쩡한 아내와 자식이 3명이나 있는 사람이 왜 저래요?"

"돈이 있으니까 그렇겠지(그걸 왜 나한테 묻지?)."

아내가 약간 화낸다.

"아니 남자들은 돈이 있으면 다 바람 피워요?"

"다 그런 것 아니겠지(돈 아까워하는 사람도 있고 마누라 무서워하는 남자도 있겠다)."

아내가 마침내 하고 싶은 말을 한다.

"당신도 돈 있으면 바람피울 거예요?"

"나는 다른 여자 싫어, 당신만 사랑해(나는 정답을 말한다. 사실 나는 정답대로 살고 싶다)."

아내가 다시 변호사 남편에게 묻는다.

"저 사람 이혼은 할 수 있나요?"

"이혼 시켜줄 수 없지. 돈 많은 재벌이 공개적으로 불륜을 선언했는데 법원이 어떻게 손을 들어줄 수 있어. 아마 이혼 소송하면 기각될 거야."

"그럼 저 사람은 그걸 알면서도 왜 공개적으로 밝힌 건가요?"

"글쎄~?"

"내연녀가 이혼해달라고 계속 요구하니 쇼하는 것 아니에요?"

"그게 무슨 말이야?"

"저 사람도 이혼까지는 생각하지 않는데 그 여자가 자꾸 보채니까 한번 터뜨리고 '봐라 여론이 안 된다고 하잖아'라고 말하려는 거요. 부인도 이혼하지 않겠다고 자기 남편에 대해 함부로 이야기하지 말아달라잖아요."

"와! 정말 대단한 생각이다."

"그 정도 생각하는 여자들 많을 걸요."

여자들은 남자보다 생각이 더 디테일하다! 간통을 뜻하는 불륜(不倫)은 법률용어가 아니다. 간통죄가 폐지되면서 불륜과 관련하여 남은 법률용어는 민법상 이혼원인 중 하나인 '부정(不貞)행위'이다. 부정행위는 결혼생활에 따른 부부간의 정조의무를 위반하는 행위로서 간통보다도 범위가 넓다.

불륜은 재벌뿐만 아니라 보통 사람도 저지르기도 한다. 변호사로서 소송이나 상담을 통해 알게 되는 것은 불륜을 저지르기 위해서 가장 필요한 것은 돈보다도 시간이라는 점이다. 사실 모든 애정에는 돈보다도 시간이 우선한다. 시간에 쫓기는 사람은 불륜을 저지를 수 없다. 물론 같은 직장인 경우에는 시간이 문제되지 않겠지만 외부 활동이 많거나 평일에도 주기적으로 쉴 수 있는 사람들이 불륜을 저지를 가능성이 높다.

불륜이 드러나면 불륜 당사자뿐만 불륜 피해자들도 모두 심리적으로 공황상태에 빠진다. 그 이유는 상황(?)이 매우 복잡해지기 때문이다. 불륜 당사자들이 늘 약자의 입장에 있는 것은 아니다. 정말 사람에 따라 다르다. 불륜에도 당당한, 얼굴이 두꺼운, 상대방을 물러서게 하는 사람도 있다.

불륜은 불륜으로 그치는 것이 아니라 종종 폭행, 협박, 이혼 심지어 상해나 살인 등의 심각한 문제로 이어진다. 불륜은 생리적인 욕구보다 심리적인 욕구에서 시작되는 경우가 많다. 무언가 더 얻고 싶은 욕구 말이다. 그러나 불륜은 덤으로 그치지 않는다. 불륜은 평온을 해치고 지위를 잃게 하고 뒷골을 당기게 하고 수명까지 단축시킨다. 그럴 만큼 가치 있는 불륜이 있는지 의문이다.

# 정치인의 직업

대구 수성구 범어네거리 한쪽 고층 건물 외벽에는 올 4월에 있을 총선 후보자들의 얼굴을 담은 대형 플래카드가 붙어 있다. 여당 후보의 자기 이력을 담은 플래카드와는 달리 야당후보의 플래카드에는 "일하고 싶습니다."라는 문구만 써져 있다. '국회의원'으로 일하고 싶다는 뜻일 것이다.

정치인들은 흔히 정치를 직업으로 삼고 다른 일은 하지 않는 것 같다. 정치인들은 정치가 직업인가. 정치가 직업이라면 다른 직업이 그렇듯이 정치라는 직업을 통해 돈을 벌고 생계를 꾸려야 할 것이다.

정치라는 직업은 어떤 형태로 존재하는가. 정치가 일반적으로 권력 작용 중 입법 활동을 뜻하는 것으로 본다면 대통령이나 지방자치단체장, 국회의원, 시의원, 군의원, 구의원

등과 같은 선출직 공직자나 이런 선출직 공직자를 보좌하는 보좌관 등이 정치를 직업으로 가지고 있다고 할 것이다. 정당 활동도 포함하면 정당의 상근 당직자들도 정치인에 넣을 수 있을 것이다.

선출직 공직자나 상근 당직자들은 국가로부터 직접 급여를 받기도 하고 국고보조금을 지원받기도 한다. 곧 국민의 세금으로 근무 대가를 받는 것이다. 정치인의 정치활동에 대해 국가를 제외한 누구도 이들에게 돈을 주고 구입하지 않는다. 이들의 수입원은 국가가 이들에게 공직에 복무하는 대가로 지급하는 급여뿐이다.

국가로부터 돈을 받는 현직 정치인이나 상근 당직자가 아닌 정치인도 직업을 정치라고 할 수 있는가. 정치활동이 생계수단이 되지 못한다면 그것을 직업이라고 할 수 없다. 이 땅에는 한때 국회의원 등을 하여 정치를 직업으로 삼았으나 더 이상 아무런 직업도 가지지 않으면서 여유 있게 살아가는 정치인(?)들이 적지 않다.

이들이 어떻게 생계를 유지할 뿐만 아니라 자녀들을 교육시키고 강남에 아파트를 소유하면서 살아갈 수 있는지 매우 의문이다. 한때 선출직 공직에 있을 때 지위를 이용하여 충분히 많은 돈을 벌어놓은 것으로 추측되기는 한다. 대기업사장을 지냈던 어느 분은 자신이 사장직에 있을 때 국회의원 보좌관들이 거의 매일 전화를 걸어와 의원들과 자리를 할 것을 요구해서 무척 시달렸다고 했다. 국회의원 자리가 개인의 치부활동을 위한 자리와 다름없다고 한탄했다.

현직 정치인이든 한때 정치를 했던 사람이든 이들은 공동의 집단적 생존 방식인 '정치마피아'를 배후에 형성하고 있는 것으로 보인다. 전직 고위직 판사나 검사들이나 전직 관료들이 누리는 전관예우와 마찬가지로 정치인들끼리의 전관예우 말이다.

정치마피아가 거래하는 대상은 무엇일까. 그것은 국가의 예산이거나 국가의 기능일 것이다. 국가의 예산이나 국가의 기능을 사적 거래의 대상으로 삼는 것도 결국 국민의 돈을 빼내는 예산절취 행위이며 국가의 예산이나 기능을 왜곡시키고 위태롭게 만드는 부당한 행위이다.

이 나라에는 한때 정치인이었다는 이유로 아무런 직업도 가지지 않고 무위도식하면서도 여유 있게 살아가는 정치인들이 너무나 많다. 이들이 정치마피아 내지 정치브로커로 행세하거나 할 우려도 있다.

올바른 정치인이라면 의원도 아니고 상근 당직자도 아닐 때는 이 땅의 수많은 근로자나 자영업자과 마찬가지로 직업을 가져야 한다. 직업을 통해 돈을 벌고 세금을 냄으로서 국민의 일자리는 물론 국가 예산을 소중하게 생각할 줄 아는 정치인으로 서야 한다.

# 계파 정치와 신념의 정치

대부분의 사람들은 일반 시민으로서 정치와는 인연이 없이 살아간다. 그런데도 정치에 대한 이야기를 매일 보고 듣는다. 매일 보고 들을 수밖에 없다. 뉴스라는 이름으로 매일 신문이나 방송이 쏟아내기 때문이다. 정치에 관한 뉴스라는 것이 무엇인가. 매일 보고 들어야 할 만큼 중요한가.

최근 정치 뉴스를 보면 우리 정치의 민낯이 확연히 드러난다. 총선을 앞두고 있어서인지 내 편과 네 편을 구분하여 패거리를 짓고 같은 편은 감싸고 상대편은 비난한다. 대통령, 국회, 여당, 야당, 더민주당, 국민의당, 정의당이 서로를 비난하는 것은 말할 필요도 없고 여당과 야당의 내부에서 진박, 친박, 비박, 친노, 반노, 비노, 친문, 반문 등으로 분열하여 서로가 서로를 비난한다.

과거 군사독재정권 아래서는 뭉쳐야 산다는 말이 생존 방법으로 여겨졌을 것이다. 암울한 시대, 엄혹한 독재에 홀로 저항한다는 것은 힘들고 괴로운 일이었을 것이기 때문이다. 서로 믿을 수 있는 사람끼리 결속하고 의지해야 했고 핍박받는 자의 처지에 놓여 있을수록 뭉쳐야 살아남을 수 있었을 것이다.

우리나라 민주주의 투쟁사에 야당과 운동권의 계보가 이를 증명한다. 그것은 왕조시대에도 마찬가지였을 것이다. 왕의 변덕과 왕과 그 주변의 살수(殺手)에 대응하고 살아남기 위해서는 붕당(朋黨)이나 당파(黨派)와 같이 집단을 이루지 않을 수 없었을 것이다.

그러나 민주주의가 작동하는 현재의 정치에서 이해관계에 따른 패거리 정치는 불필요할 뿐만 아니라 오히려 유해(有害)하다. 패거리 정치는 조폭처럼 보스를 중심으로 집단적인 사익을 추구하고 행패를 유지하는 데만 유효한 방식이기 때문이다.

패거리 정치는 신념에 따른 정치와 다르다. 우리 정치 현실에 있어 패거리나 계보는 가치관이나 신념의 차이에 근거하지 않는다. 나라의 생존과 발전에 대한 인식과 방법에 있어서 진박, 친박, 비박, 친노, 반노, 비노, 친문, 반문으로 찢

어질 만큼 차이날 것이 무엇 있겠는가.

계파 정치의 목적은 무엇보다 자신을 충실하게 따르는 자들을 국회의원으로 만들어 세력화하는 것이며 계파는 자신의 이익과 지위를 주는 우두머리를 추종하는 무리에 불과하다. 결국 계파 정치는 후각이 발달한 자들이 먹이를 사이에 두고 벌이는 이합집산에 지나지 않는다.

패거리를 신봉하는 정치인은 그가 신념과는 상관없이 특정하고도 부분적인 파벌의 이익에 사로잡혀 있는 사람이라는 것만을 보여줄 뿐이다. 따라서 패거리나 계파의 보스를 신념의 정치지도자라고는 할 수 없다.

우리 정치 제도의 모델인 미국 정치사에서 가장 위대한 정치인으로 평가받는 링컨은 바로 패거리 정치를 벗어나 신념의 정치, 포용의 정치, 전체를 위한 정치를 한 인물이다. 미국의 정치 시스템은 계파의 보스가 아니라 뛰어난 인물이 언제든지 정치지도자나 대통령까지도 될 수 있는 개방적이고 민주적이며 지방분권적인 형태를 유지하고 있다. 미국 정치지도자에게 요구되는 것은 계파 유지나 계파 관리능력이 아니라 능력과 경험과 신념이라고 할 것이다.

신념은 패거리를 필요로 하지 않으며 이 조직 저 조직을 기웃거리지도 않는다. 신념의 정치인은 누군가 던져주는 먹

이를 먹으려 하지 않고 스스로 서고자 한다. 자신의 능력을
키우고 열려 있으며 이해를 넓히고 소신을 지킨다. 부분이
아니라 전체를 지향하고 진정으로 국민을 믿고 현재와 더불
어 미래를 열어갈 것이다.

# 공부

우연히 퇴근길에 사무실 근처 책방에 갔다가 진열대 위에

신영복 교수의 『담론(談論)』이라는 제목의 책을 보게 됐다.

신 교수의 저서 『감옥으로부터의 사색』, 『강의』 등의 책을 감

명 깊게 읽었고 어디선가 『담론(談論)』에 대한 추천 글을 읽

은 기억도 나서 책을 펼쳐 보았다. 앞부분에 공부의 한자 '工

夫'에 대한 재미있는 풀이가 눈에 띈다.

공부의 한자 공(工)은 하늘(一)과 땅(一)을 잇는(丨) 것을

뜻하고, 부(夫)는 이 하늘과 땅을 뜻하는 이(二)를 사람(人)

이 잇는 것을 나타낸다. 공부(工夫)는 사람이 천지(天地) 곧

세상을 주체적으로 받아들이는 것 곧 세계와 나 자신에 대

한 성찰을 통해 올바른 인식에 도달하는 과정을 의미한다고

한다.

하늘은 이상을, 땅은 현실을 뜻한다면 공부라는 것은 사람이 하늘과 땅을 잇는 것이며 이는 이상과 현실을 연결시킨다는 의미도 된다. 공부(工夫)의 부(夫)가 하늘 곧 천(天)을 뚫는(夫) 것으로 풀이하면 공부는 이상과 현실을 연결하고 세상을 뚫어 변화시키고 창조하는 과정으로 볼 수도 있겠다.

『담론(談論)』은 공부는 머리에서 가슴으로, 가슴에서 발로 이어지는 여행이라고 말한다. 머리는 인식을, 가슴은 인식의 공감과 변화와 창조를, 발은 실천을 뜻한다. 다소 무겁고 거창하게 들릴지도 모르겠지만 공부는 인식과 인식에 따른 사고의 변화와 이를 힘써 실천하는 과정을 모두 포함한다는 것이다.

우리는 나이가 들고 여유가 생기면 무엇을 하는가. 흔히 대부분 평소에는 여기저기 모임을 통해 사람을 만나고 어울리고 먹고 마시며 시간을 보낸다. 주말이면 등산이나 여행을 다닌다. 저녁 무렵 식당들은 이 모임 저 모임들로 채워지고 고속도로 휴게소는 늘 관광버스들로 북적거린다.

사람이 사람과 만나고 어울리고 관계를 형성하는 것은 사람이 살아가는 데 필요하기도 하고 힘이 되기도 한다. 그러나 사람들과 어울리는 데 대부분 시간을 다 보내면 자기성찰이라는 진지한 시간을 잃게 된다. 최근 문화체육관광부의 조사에 따르면 우리나라 성년 남녀는 인터넷과 스마트폰을 합쳐 하루 평균 4시간 가까이 들여다보는 대신 독서 시간은 30분도 채 되지 않는다. 뿐만 아니라 성인 열 명 가운데 세 명은 일 년에 단 한 권의 책도 읽지 않는다고 한다.

신 교수는 변화와 창조는 중심부가 아닌 변방에서 이루어진다고 강조한다. 이는 『사피엔스』의 저자 유발 하라리가 말하는 '무지(無知)의 혁명'과 같은 맥락으로 이해할 수 있다. 하라리는 현대과학은 기존의 지식과는 달리 인간의 무지를 인정한 덕분에 개방적이며 탐구적이 되었다고 지적한다. 기존의 지식으로 덮여 있는 중심부와는 달리 변방에서의 공부가 오히려 자유롭고 개방적이며 탐구적이 될 수 있다는 말이다.

당신이 공부하려는 대상이나 주제가 무엇이든지 간에 공부를 시작하는 데 아무런 지장이 없다. 미리 전문적인 지식을 가지고 있지 않아도 된다. 당신은 책, 인터넷, 강의 등 지식의 도구로 가득 찬 세상에 살고 있기 때문이다. 공부는 거창한 것이 아니더라도 당신이 좀 더 지적인 것을 생각하는 사람으로 만든다. 일과 사람에 지치고 메마른 당신의 마음을 새롭고 충만하게 하고 반짝거리게 한다.

# 형사 판결

법정에 출석하다 보면 이곳보다 이성과 논리가 지배하는 곳이 세상에 있을까 하는 생각이 든다. 모든 법정은 싸움, 곧 쟁송(爭訟)사건을 다룬다. 그 싸움은 전혀 소란스럽지도 않고 물리적인 힘을 행사하지도 않고 오히려 조용하고 어느 곳보다도 이성적이고 논리적으로 이뤄진다.

민사법정은 돈 문제를 비롯하여 이혼, 행정 등 온갖 다툼을 다루고 형사법정은 살인, 강도, 강간 등 온갖 범죄를 다룬다. 재판 결과가 때로는 누군가의 운명을 결정적으로 좌우하기도 한다.

법정에 출석한 판사나 변호인, 당사자, 방청석에 앉아 있는 사람들 모두 사법 절차에 따른다. 물론 피고인이나 증인 신문 과정이나 쌍방이 변론을 하는 과정에서 격해지기도 하고 선고에 불만을 드러내기도 하고 방청석에서 탄식이나 한숨이 나오는 경우도 적지 않지만 말이다.

이처럼 이성과 논리가 지배하는 재판에 대해 우리 사회가 보여주는 신뢰의 크기도 적지 않다. 재판에 대한 신뢰는 우리 사회의 정의 실현을 위해 가장 직접적이고 중요한 수단인 사회질서에 대한 신뢰를 낳고 사회질서에 대한 신뢰는 사회의 유지와 통합을 이루는 결정적 요소로 작용한다.

사회질서의 바로미터인 재판에 대한 신뢰는 격무에 시달리면서도 헌신적인 판사들이 재판에 들이는 노력에 의해 이뤄지기도 하지만 궁극적으로는 재판의 결론인 판결에 좌우된다. 그런 점에서 판결이 주는 의미는 매우 크다고 할 것이다.

최근 같은 날 사회적인 관심이 쏠린 두 사건에 대한 형사판결이 있었다. 하나는 1997년 4월 이태원에서 벌어진 살인사건에 대한 판결이었고 다른 하나는 이른바 성완종 리스트와 관련된 전 총리의 정치자금 불법수수 사건에 대한 판결이었다.

이태원 살인사건은 우리 사법시스템의 경직성과 무책임을 드러내는 사건이다. 이 사건을 처음 맡은 검사는 경찰과 미군범죄수사대의 판단에 따라 좁은 살해현장에 있었던 단 두 명인 아서 패터슨과 에드워드 리를 살인죄의 공범으로 기소했어야 함에도 키가 큰 리가 피해자를 살해했을 가능성이 크다는 부검의의 소견과 거짓말탐지기의 결과에 따라 리를 단독 살인범으로 기소한다. 1심과 2심 판결은 모두 리에 대해 유죄를 인정한다. 그러나 대법원은 1998년 4월 리를 범인으로 볼 수 없다며 항소심 판결을 무죄취지로 파기환송한다.

검찰은 파기환송심에서 리에 대해 무죄가 확정될 것으로 당연히 예상되는 상황이고 피해자 가족들도 리가 1998년 9월 무죄판결로 석방되자 나머지 한명인 패터슨을 살인 혐의로 고소한 상태였음에도 패터슨의 신병을 확보하는 절차를 밟지 않는다. 패터슨은 증거인멸과 불법무기소지죄로 복역하다가 1998년 8월 모범수라는 이유로 형집행정지를 받고 나와서 1년 뒤인 1999년 8월 미국으로 유유히 출국한다.

한국 검찰은 패터슨에 대해 기소중지를 해둔 채 세월을 보내다가 2009년 영화『이태원 살인사건』이 개봉되면서 세간의 관심이 쏠리자 그제야 미국 사법당국에 패터슨에 대해 범죄인 인도 요청을 한다. 패터슨은 2011년 미국에서 체포돼 2015년 9월에야 한국으로 송환되어 최근 서울중앙지방법원에서 살인죄로 1심 재판을 받은 것이다.

수사도 재판도 사람이 하는 일이다. 선입견에 사로잡혀 잘못된 판단을 할 수도 있다. 문제는 누구도 잘못된 판단을 바로 잡지 않고 바로 잡히기까지 너무나 많은 시간이 걸린다는 점이다. 패터슨의 살인죄에 대한 유죄판결은 피해자의 부모에게 한 맺힌 19년만의 너무나도 때늦은 판결이다.

정치자금 불법수수에 대한 판결은 전 총리의 불법수수 혐의에 대해 유죄로 인정하면서도 징역 8개월에 집행유예 2년, 추징금 3,000만 원의 형을 선고했다. 1심 유죄판결을 받은 전 총리는 이날 법정을 나오면서 자신의 결백에 대한 목소리를 높였다.

법원이 전 총리의 정치자금 불법수수에 대해 유죄를 인정했다면 '공직에 헌신하며 국가 발전에 기여했다'는 이유를 들어 어정쩡하게 집행유예를 선고할 것이 아니라 국민 앞에서는 지도자급 정치인으로 행세하면서 뒤로는 태연히 불법적으로 돈을 챙기는 범죄행위를 저지른 것에 대한 책임을 중하게 물어 실형을 선고했어야 했다. 그는 전혀 잘못을 인정하지도 반성하지도 않지 않는가.

# 눈물의 중학교 졸업식

최근 둘째 딸의 중학교 졸업식에 참석했다. 3년 전 우리 부부는 딸의 입학식 때 이 학교에 왔다가 한숨이 저절로 나왔다. 학교까지 가는 길이 아이에게는 너무 멀고 좁고 험했기 때문이다. 버스에 내려서 좁은 도로를 걸어 다시 차들이 주차되어 있는 골목을 들어서서 한참동안 오르막길을 걸어 또 가파른 계단을 올라가야 했다. 도대체 어떻게 이런 곳에 사립 여학교 설립인가가 났는지 의아스러웠다.

딸의 중학교 졸업식은 꽤 길게 이어졌다. 졸업식이 끝나자 학생들은 각 반으로 돌아갔다. 낮 12시에 공개되는 고등학교 배정표를 받기 위해서였다. 학부모들도 긴장된 표정으로 교실 밖에서 지켜보며 서 있었다. 마침내 선생님이 교무실에서 봉투를 가지고 와서 아이들을 한 명씩 불러내 배정표를 나눠주었다.

아이들이 선생님으로부터 고등학교 배정표를 받아들고 눈물을 흘리는 일이 적지 않았다. 원하지 않는 학교에 배정된 학생들이었다. 급기야 울음을 터뜨리거나 "왜 내가 집 가까이 학교를 놔두고 먼 곳에 있는 학교를 가야 하느냐."며 울부짖는 아이들도 있었다. 졸업식 날 볼 모습이 아니어서 안쓰러웠다. 특히 특정학교에 배정된 아이들은 예외 없이 눈물을 흘렸다. 선생님은 "그 학교도 사람이 사는 곳인데….".라고 말하며 아이들을 달래기도 했다.

우리 부부도 다른 학부모들과 마찬가지로 조마조마한 마음으로 지켜보았다. 다행히 딸이 집 가까운 고등학교로 배정되어 가슴을 쓸어내렸다. 하지만 원하지 않는 학교에 배정된 학생들이 눈물을 흘리거나 항의하는 것을 보면서 어린 학생들이 이런 우연한 추첨에 왜 눈물을 흘리고 고통을 겪어야 하는지 씁쓸하기 짝이 없었다. 학생들이 그렇게 가기를 꺼려하는 학교를 학생들에게 가라고 강요하는 것은 부당한 것 아닌가하는 생각도 들었다.

마침 이날 저녁 어느 모임에 나갔다가 초등학교나 중학교 졸업생 자녀를 둔 아버지들이 여러 명 있어 자녀들의 학교 배정 이야기가 나왔다. 원하지 않는 중·고등학교 배정 때문에 졸업식에 눈물을 흘리는 아이들이 많았다는 이야기가 쏟아졌다. 아이들은 집 가까운 학교에 배정되지 못해 울고 부모는 아이들이 집 옆에 학교를 놔두고 먼 곳을 버스를 타고 다녀야 하는 사실에 분통을 터뜨렸다고 한다. 아이가 배정받은 학교 근처로 이사를 가야 하는지 고민하는 아버지도 있었다.

대구광역시교육청 홈페이지에는 광역시교육청이 과거 중·고등학교 배정방식을 근거리 주소지 우선 방식에서 버스로 30분 거리 안에 있는 학교를 무작위로 추첨하여 배정하는 방식으로 변경한 것에 대한 학부모의 항의글이 올라와 있다. 그 글은 학군은 신경 쓰지도 않고 그저 내 아이들이 집 가까운 학교로 걸어서 다닐 수 있기를 원할 뿐인데도 왜 매일 버스를 타고 먼 거리를 다녀야 하느냐고 질문하고 있다.

중·고등학교에 버스가 아니라 걸어서 다니는 도보 통학권은 학생이나 부모 입장에서 매우 중요하고 소중한 권리이다. 중·고등학생들의 도보 통학권을 빼앗는 것은 중·고등학생들의 건강과 학습에 피해를 줄 뿐만 아니라 집 근처 학교를 놔두고 멀리까지 다녀야 하는 스트레스와 심리적 좌절감까지 주고 있다. 버스통학 우선 위주의 대구광역시교육청의 중·고등학교 추첨배정방식은 중·고등학생들의 학업성취도에도 부정적인 영향을 미칠 것으로 보인다.

　대구광역시교육청은 수많은 학생들과 학부모들에게 분노와 좌절감을 안겨주는 버스통학 우선 위주의 추첨배정방식을 폐기하고 학생들이 학교에 걸어 다닐 수 있는 도보 통학권을 우선하는 방식으로 배정기준을 바꾸어야 한다.

# 북한, 이웃나라

나는 북한에 대해 직접적인 경험이 없다. 변호사 업무와 관련하여 탈북자 몇 사람을 만나본 일을 제외하고 북한을 여행한 적도 없고 북한 권력층 인물은 물론 북한에 살고 있는 북한사람을 만나본 적도 없다. 주변에는 평양을 관광한 사람도 있고 무역관계로 북한 고위층 인사와 접촉했다는 사람도 있지만 나는 뉴스를 통해 또는 가끔 책을 통해 북한에 대해 듣고 보고 생각한 것이 전부이다.

이런 간접적인 경험이나 피상적인 관찰만으로도 통일론자들이 내세우는, 북한이 매우 허약한 체제이고 따라서 머지않아 붕괴될 것이라는 주장은 지극히 현실성이 결여되어 있다는 사실을 깨닫는다. 오히려 북한이라는 체제가 조선 왕조처럼 뿌리 깊고 강고(强固)한 형태를 갖추고 있음을 알게 된다.

북한 주민들이 눈물까지 흘리면서 김일성, 김정일, 김정은에게 그들의 표현처럼 '대를 이어 충성하는' 모습이 강요된 것이나 연출된 것이 아니라는 점도 물론이다.

우리 민족의 통일에 대한 염원은 당연하다. 하지만 위정자가 '통일 대박'이라고 말하는 것은 다른 문제다. 통일도 현실적으로 의문인 데다가 대박이라는 말도 적절하지 않기 때문이다. 정부의 통일 대박론에 따른 것인지 알 수 없지만 한 신문사는 통일나눔 펀드라는 것을 만들었다. 전 국민을 상대로 통일을 준비하는 용도도 쓰겠다며 구체적인 내용도 제대로 밝히지 않은 채 신문에 이름을 내주고 수천억 원의 돈을 모은 것도 납득이 가지 않기는 마찬가지이다.

북한이 올 들어 네 번째 핵실험을 하고 광명성 4호라는 장거리 로켓을 발사하자 정부 분위기는 통일 대박에서 개성공단 폐쇄와 사드 배치를 지지하고 핵무장, 북한 궤멸 등의 대결분위기로 급변하고 있다. 한때는 북한을 잘못 헤어진 부부처럼 다시 만나야 한다고 말하다가 지금은 또다시 이웃에 행패를 부리는 동네 불량배나 조폭인 것처럼 말한다.

왜 북한은 우리에게 통일대박에서 핵무장 대결까지 극단적인 인식의 대상으로서 존재하는 걸까. 그것은 우리가 통일론에 빠져 북한의 실체를 제대로 보지 않거나 보지 못하는 잘못을 저지르고 있기 때문이다.

우리가 인정하든 인정하지 않든 북한은 우리처럼 하나의 국가로서의 실체를 가지고 있다. 인구도 2천만 명이 훨씬 넘는다. 이러한 북한의 실체는 우리 헌법의 규정에 의해서 좌우되는 것도 아니다.

통일론자들은 북한과의 통일을 말할 때 동독을 예로 든다. 동독이 서독에 통합된 것과 같이 언젠가는 북한도 한국에 통합될 것이라고 말한다. 남북한과 동서독이 미국과 소련에 의해 분단된 과정은 같다. 그러나 분단 전의 북한과 동독은 전혀 상황이 다르다. 동독은 1919년부터 민주공화국 정치체제인 바이마르 공화국을 거쳤다. 동독 사람들은 적어도 의회민주주의를 경험한 상태에서 분단 상황을 맞아 공산주의 체제 아래서도 최소한 민주적인 정치 형태를 갖추었고 이는 서독과의 통일을 가져오는 동력이 되었다.

북한은 조선왕조에서 곧장 일제의 식민지배로 받다가 분단됐다. 북한 사람들은 민주주의 정치체제를 겪을 기회도 없이 김일성 일가의 왕조지배체제에 놓여 반세기 이상을 보낸 것이다. 동독과는 달리 북한이 내부에서 민주적인 의사를 거쳐 한국과 통합되는 것이 불가능한 이유이다. 또한 통일에 앞서 북한의 개방과 민주화가 절실한 이유이다.

우리는 북한을 통일 대상으로만 보는 감상적 태도에서 벗어나야 한다. 오히려 북한을 이웃나라로 인정하고 그에 따라 냉정하게 대응해야 하는 것이 아닌가 한다. 이웃나라에게 지나치게 기대하거나 자극하거나 과도하게 지원하는 것은 온당하거나 적절한 행위가 아니기 때문이다.

봄

# 고등한 동물

"이렇게 고등한 동물이 어떻게 생겨난 거지?"

차의 뒷좌석에 앉아 있던 첫째 딸이 혼잣말처럼 중얼거린다. 아내는 딸에게 "하느님이 만드신 거지."라고 말했다. 딸은 "에이~ 무슨 소리야~"라며 일축한다.

올 3월 대학 입학을 앞두고 있는 딸은 요즘 스스로 사랑스럽고 자랑스럽다. 자신에 대한 신뢰는 다른 사람에 대한 신뢰도 높인다. 딸이 뭔가를 생각하다가 '고등한 동물'이라고 말한 것은 사람에 대한 신뢰에서 나온 말일 것이다.

딸은 수시합격자 발표가 난 이후 한마디로 기분이 업(Up)된 상태이다. 이것저것 옷과 가방을 사달라고 요구하고 그때부터 지금까지 쉬지 않고 친구들을 만나고 또 만나고 있다. 밤늦게까지 친구들과 어울리다 집에 들어와서 해가 중천에 뜰 때까지 자거나 게으름을 피운다. 딸의 책상 위는 수험서들이 모두 사라지고 온갖 종류의 화장품들이 점령했다. 아내는 딸이 화장 시간도 긴 데다가 화장솜씨도 자기보다 나은 것 같다며 놀란다.

하지만 우리 부부는 딸이 하고 싶은 대로 하도록 딸에게 맡긴다. 지난 3년 동안 딸아이는 열심히 공부했고 결과도 우리 부부에게 기쁨을 안겨주었기 때문이다. 딸이 대학 입학을 앞두고 친구들과 만나는 데 시간을 다 보내는 것 같아 조금 걱정이 된 나는 은근슬쩍 딸에게 묻는다. "실컷 놀았으니 노는 것도 이제 지겹지?" 그러나 딸은 "뭔 소리야? 아직 다 놀지도 못 했는데."라고 대응한다. 딸에게 친구들과 만나면 무슨 이야기를 하는지 물었더니 딸은 "뭐 다 하는 이야기지~"라고 대답한다. "다 하는 이야기가 뭐냐?"고 하자 "아무 이야기, 그리고 다음에 또 만나자는 이야기~"라고 매듭짓는다.

우리 부부는 고등한 딸을 위해 얼마 전 부랴부랴 서울로 올라가야 했다. 입학식을 불과 보름 남겨두고 대학에서 인터넷에 올린 기숙사추첨 결과에 딸 번호가 긴 대기자 명단에 들어가 있었기 때문이다. 대학 담당자에게 전화를 하자 그는 "기숙사 경쟁률은 매년 2대1 정도 돼 절반 정도는 기숙사에 들어오지 못한다."고 차분하게 알려주었다. "아니, 그런 내용을 기숙사 신청 안내문에 적어주든지 하면 준비라도 하지 지금 알려주면 어떻게 하나?"고 반문했지만 소용없는 일이었다.

비가 세차게 쏟아지는 가운데 대학 주변 중개소를 돌아다닌 끝에 가까스로 그나마 조금 마음에 드는 방을 구할 수 있었다. 아내는 자녀가 네 명인데 기숙사에 떨어졌다며 속상해했다. 딸이 혼자 지내야 하는 데다가 한 달 월세와 관리비를 합한 돈이 한 학기 대학 기숙사비를 훌쩍 넘어섰다. 거기다가 밥솥과 청소기, 침대 매트, 생활용품까지 새로 구입해야 했다.

아내는 마침내 딸에게 짜증을 냈고 딸은 아내에게 "기숙사에 떨어진 것이 내 잘못도 아닌데 왜 그래?"라고 투덜댔다. 딸은 장학금도 신청했지만 아버지 소득이 8분위를 넘기 때문에 모두 거부됐다고 했다. 인터넷 한국장학재단 홈페이지에는 자녀 수와 상관없이 한 달 소득이 8분위를 넘어서면 장학금을 신청조차 할 수 없다고 안내되어 있었다.

나는 딸에게 아빠가 책임질 테니 공부하는 데 들어가는 돈 걱정은 하지 말라고 했다. 정말 나는 자녀가 대학에 들어가면서 세상의 여느 아버지와 마찬가지로 돈을 버는 보람을 '가장 많이' 느꼈다. 딸은 대학에서 열심히 지식을 쌓고 많은 사람들을 만날 것이다. 지금처럼 자신과 더불어 사람에 대한 믿음을 더욱 다지기 바란다. 조금 더 조화롭고 평화롭고 행복하게 살아가는 곳으로 세상을 만드는 데 고등한 인간으로서 보탬이 되기를 희망한다.

# 우연한 대화에서

　우연한 모임에서 맞은편 자리에 앉은 사람과 이야기를 나누게 되었다. 사실 이야기를 나눈다기보다 그의 말을 들었다. 그는 무슨 이야기인지 하다가 "세상에 똑바로 사는 놈이 어디 있어요? 다 남 속이고 사는 거지, 나는 애국한다는 놈들 말 안 믿어요. 말로는 애국한다면서 자식들을 외국으로 보내고. 진짜 시골에서 농사나 짓는 사람이나 남 안 속이고 애국하면서 사는 거지."라고 말했다.

　그의 말을 들으면서 그가 어떤 의도로 그와 같은 말을 하는지 생각했다. 아마 그는 그 자신보다 낫다고 여겨지는 사람들도 결국 자신과 같은 사람이라는 말을 하고 싶은 것 같다. 자신이 다른 사람보다 못하지 않다는 말이 그만 세상 사람들을 폄하하는 말로 나온 것 같다.

사람들을 한마디로 단정하는 그런 말에 의미를 두지 않아도 될 것이다. 균형을 상실한 말이며 세상의 거래를 모두 일종의 사기와 협잡으로 몰고 마치 아무것도 하지 않는 사람이 바르게 사는 사람이라는 말은 과장과 왜곡에 불과하다. 그것은 사실이 아니고 사실을 전제하는 진실도 아니다. 실제 사람들이 악의보다는 선의를, 거짓보다는 정직을, 불의보다는 정의를 선택한다.

그런데 그가 한 말은 『내부자』 같은 영화 속의 대사에 그치지 않는다. 많은 사람들이 너무나 자주 반복하는 말이다. 사회가 부정과 불의로 가득 차 있으며 억울한 일을 당하지 않으려면 똑같이 아니 먼저 부정한 수단을 써야 한다는 말을 여기저기서 듣게 된다.

얼마 전 노년에도 베트남까지 진출하여 왕성하게 사업을 하고 있는 중소기업체 사장과 저녁식사를 같이 했다. 아들과 직원을 함께 대동한 그는 한참동안 베트남에서의 사업에 관해 이야기를 하다가 본론을 꺼냈다. 며칠 전 대법원으로부터 상고기각 판결을 받았다고 한다. 그는 "대법원에서 기각시킬 것이면 빨리 기각시킬 것이지 4년 반이나 시간을 끌어 이자만 1억 원 가까이 물어주게 되었다."며 울화통을 터뜨렸다. "잘나가는 부장 출신 변호사를 골라 수임료도 많이 주었는데 알고 보니 상대방 변호사와는 달리 대법원에 아무 연줄도 없는 변호사라서 사건을 망쳤다."며 미리 손을 쓰지 못한 것을 아쉬워했다.

그가 말한 양쪽 변호사들은 모두 내가 아는 분들로 대법원에 무슨 특별한 연줄을 가진 것으로는 생각되지 않았다. 나는 그 자리에서 "판결에 연줄이 작용했다고는 생각 들지 않는데요. 재판이라는 것이 결론만 가지고 왈가왈부하기 어렵지요. 항소심에서 졌다면 판결금 가지급해서 이자발생을 막아야 했습니다."라고 말했다. 그에게 재판과정에서 적절하게 증거를 수집하는 등 대응이 필요한 것이지 연줄이 필요한 것은 아니라고 밝혔지만 그는 못내 자신이 연줄이 없어 억울하게 소송에서 졌다고 분개했고 그러면서도 우리 사회가 연줄 때문에 망한다고 한탄했다.

인간 사회에 부정과 부패가 없을 수 없다. 그러나 대부분 사람들은 정상적인 방법으로 정상적으로 살아간다. 우리 사회도 정상적인 시스템 속에서 정상적이며 안정적으로 작동하는 시스템을 구축하여 왔다. 당연히 우리 사회 시스템에서 부정부패는 예외적이고 부분적인 것에 그칠 것이다.

그럼에도 마치 부정부패가 여기저기 만연한 것으로 주장하는 것은 사회 시스템과 사람에 대한 불신을 낳을 뿐만 아니라 부정부패를 일반적인 것으로 여기게 돼 사회정의를 오염시킨다. 부정부패가 만연하다고 생각하게 되면 부정한 방법을 찾게 되고 부정한 거래가 생기기 마련이다. 결국 부정부패는 우리가 서로 작용한 결과이기 때문이다.

# 인공지능

3월 한 주 내내 이세돌과 알파고의 바둑대결이 단연 화제였다. 첫 대국에서 이세돌이 알파고와 바둑대결에서 지자 다음날 신문 1면에는 "인간, 기계와의 두뇌 싸움에서 지다", "인류사의 이정표적 사건", "인공지능, 인간을 넘다", "인간이 만든 인공지능에 인간이 졌다", "2살 인공지능, 5,000년 인간 바둑을 넘다" 등의 제목이 달렸다.

이세돌이 바둑대국에서 알파고에게 패하자 신문과 방송은 인간의 운명이 걸린 대결에서 인간이 진 것처럼 한탄했다. 이세돌이 인간대표로서 지구를 구하기 위해 바둑대결에 나선 것처럼 말이다. 바둑고수들은 알파고의 수를 두고 경악하고 감탄을 연발했다. 인류역사에 인공지능의 지배를 알리는 극적인 사건이 터진 것 같은 분위기였다.

인간은 기계와 상대하기 어렵다. 그런데 이미 수많은 기계들은 상상을 초월할 정도로 인간의 신체능력은 물론 지각능력을 넘어서고 있다. 알파고가 바둑을 잘 두는 것은 놀랄 일이 아니다. 엄청난 돈을 들인 알파고가 그 정도도 되지 않으면 오히려 이상했을 것이다.

인간은 머리가 아플 정도로 비효율적이며 심리적, 정신적, 육체적 기복(起伏)을 지닌 존재이다. 알파고와 이세돌의 대국에서도 알파고는 짧은 시간에 효율적이면서도 흔들림이 없는 수를 놓은 반면 이세돌은 바둑 프로 9단의 고수이지만 장고를 거듭하여 시간에 쫓기고 심리적으로 흔들리고 비효율적이기도 한 인간의 모습을 보였다.

인간은 실수하고 흔들리고 혼란스럽고 감성적이며 잡다하고 어설프다. 그것이 인간 본질의 전부는 아니라도 적어도 절반의 본질이다. 그리고 이 절반의 본질이 삶을 단조로운 흑백에서 컬러로 바꾸고 실패와 성공의 감동적인 드라마를 만든다.

기계가 인간의 사고나 행위의 일부는 대신할 수 있어도 인간을 완전히 대신할 가능성은 없다. 그렇게 할 수도 없을 뿐만 아니라 그렇게 할 필요성도 없다. 인간의 이성과 감성이 만드는 인간 삶의 존재방식을 기계가 추구하는 효율성이나 정확성으로 전부 채울 수는 없기 때문이다.

인공지능이 인간의 사고를 대신하기 어려운 나머지 이유는 비용이다. 바둑 게임 인공지능에 불과한 알파고의 개발조차 엄청난 돈을 쏟아부었다고 한다. 인간 사고를 대신할 수 있는 인공지능의 개발과 제작에는 천문학적인 돈이 들어가는 반면 그와 같은 비용을 상쇄할 만큼 인공지능의 사용이 요구되는 부분은 제한적일 것이다.

최근 전산정보기술의 발전은 우리 삶의 방식을 크게 변화시켰지만 삶 자체를 본질적으로 변화시켰다고 할 수는 없다. 우리에게는 휴대폰과 컴퓨터가 주어졌고 휴대폰과 컴퓨터로 더 많은 것들을 할 수 있지만 우리가 더 자유롭고 더 행복하고 더 평화로워졌다고 말할 수는 없다. 사람들이 돈과 시간을 들여가면서까지 휴대폰과 컴퓨터를 들여다보고 만지작거리고 있지만 말이다.

프레드릭 배크만의 소설 『오베라는 남자』에는 다음과 같은 구절이 나온다. "이제는 모든 것이 전산화되어야 했다. 꼭 끼는 셔츠를 입은 컨설턴트들이 노트북의 뚜껑 여는 방법을 알아내기까지 아무도 집 한 채 지은 적이 없었던 것처럼. 마치 그게 그 옛날 콜로세움과 기자의 피라미드를 세운 방법이기라도 했던 것처럼. 맙소사, 사람들은 1889년에 에펠탑을 세웠는데….”

　이세돌이 알파고와 바둑대국에서 패했다고 해서 인간이 무기력해지거나 세상이 뒤집혀진 것도 아니다. 이세돌은 알파고가 프로그램 이상이 있었는지 모르겠지만 4국에서 이겼다. 물론 세상이 바뀌지도 않았다. 저절로 한마디 튀어나온다. “호들갑스럽기는!”

# 대단한 결의

매우 오래전의 일이다. 내가 알고 지내던 A와 그의 선배 B
가 서로 다툰 일이 있었다. 다투었다고 하나 당시 불운한 일
을 겪은 A를 B가 위로하기보다는 다소 듣기 싫은 소리를 해
서 서로 말다툼을 벌인 정도였다. 사실 A는 그 무렵 실의와
분노의 정도가 심해 아무런 관련이 없는 주변 사람들에게 자
신의 처지에 동조하지 않는다면서 피해의식을 드러내 싸움
을 걸곤 했다. 나도 B가 당한 것처럼 사소한 말 때문에 A로
부터 심하게 공격을 받았었다.

세월이 흐른 뒤 우연히 A를 만나게 됐다. A가 반가워하므
로 이것저것 대화를 나누다가 B 이야기가 나왔다. A의 말에
따르면 선배인 B가 과거에 자신과 다툰 일로 여전히 자신을
아예 외면하고 있기 때문에 몹시 불편하다고 했다.

A와 B의 사이는 다투기 전에는 남들이 부러워할 정도로 서로 붙어 지내다시피 한 사이였다. 사실 둘의 사이에 다툼이 있었다고 하더라도 두 사람 사이가 계속 벌어져 있으리라고는 생각조차 할 수 없었다. A와 그다지 친하지 않은 나도 A가 당시 실의에 빠진 상태에서 저지른 일로 이해하였으므로 B도 당연히 A를 이해하고 A와 화해한 줄 알았다. 나는 A에게 내가 B를 만나 화해를 한번 주선해보겠다고 말했다.

나는 이후 B를 만나 "A가 화해를 하고 싶어 하니 이제 후배를 용서하고 지내는 것이 어떻겠습니까?"며 화해를 권했다. 그런데 B는 "나는 내 눈에 한번 벗어나면 평생 보지 않는 사람입니다. 결코 화해할 생각이 없습니다."고 딱 잘라 말했다. A와 B가 다툰 일이 평생을 걸 정도로 대단한 일이 아니었다는 사실을 알고 있는 나로서는 B의 반응이 매우 뜻밖이었다. 대단치도 않는 일에 대단한 결의를 비치다니. 그는 A와 사이좋게 늘 붙어 지낸 사람인데 그렇게 보낸 과거의 시간들을 한 순간의 다툼으로 지워버렸다는 사실이 믿기 어려웠다.

하일지의 소설 『경마장 가는 길』에는 주인공 R이 시내버스를 타고 가면서 겪은 에피소드가 등장한다. R은 좌석이 없어 버스 뒤편에 서 있었는데 바로 앞에 앉은 버스 승객 한 사람이 알지도 못하는 R에게 갑자기 "월산 아재는 숙모 돈 쬐비고 인동 아주매는 조카 돈 쬐비고."라는 밑도 끝도 없는 말을 내뱉었다.

소설의 이 장면은 내게도 비슷한 기억을 떠올리게 했다. 어린 시절 집안 어른 한 분이 "삼촌이 소 판 돈을 쬐벼 집을 나가고."라는 말을 혼잣말처럼 중얼거리곤 했다. 어린 마음에도 이미 지나간 일이고 오래전의 일인데 왜 저 얘기만 자꾸 되풀이할까라고 이상하게 생각했다. 하지만 나이가 들면서 한 순간의 사건이 머리에 충격을 주고 각인이 되면 그것에서 벗어나지 못할 수도 있다는 사실을 비로소 깨달았다.

사람에 따라서 또 상황에 따라서 충격을 느끼는 정도가 다를 것이다. 특히 자기 판단이나 생각에 몰두하는 사람에게는 현재도 미래도 판단의 기준이 되지 않는다. 오로지 자신에게 충격을 준 예상치 못했던 타인의 행동만이 판단기준이 된다. 예상치 못했던 행동인 만큼 이해하거나 용납하기도 어렵다.

새누리당의 공천 파문을 보면서 한번 눈 밖에 나면 평생 보지 않는다는 B의 대단한 결의가 생각났다. 그리고 우리나라의 정치라는 것도 사이좋게 늘 붙어 지내다가도 한순간의 일로 인해 등을 돌리는 사람들이 벌이는 일인 것만 같아 안타까웠다.

# 순정한 성당(聖堂)

　미국의 종교사회학자인 필 주커먼이 쓴 『신 없는 사회』는 책 제목과는 달리 "요즘 세상은 그 어느 때보다 종교적인 것 같다."라는 말로 시작한다. 근본주의로 물든 이슬람교를 내세우는 광적인 형태의 신앙이 중동에서 인기를 끌고 기독교 특히 개신교가 미국과 라틴 아메리카에서 번성하고 있다는 것이다.

　주커먼은 그러나 오랫동안 기독교 국가들이 존재했던 북유럽에서 종교 곧 기독교 신앙이 사라졌다고 단언한다. 그리고 그는 덴마크와 스웨덴 등 북구(北歐) 복지국가에서 종교가 실종된, 곧 '신 없는 사회'의 실태에 대해 차분하게 분석한다.

　덴마크와 스웨덴은 국민 대부분이 기독교 신자이지만 기

독교 신앙에 대해서는 말할 필요도 없고 기독교에 대한 관심조차 거의 없는 상태이다. 이 나라들은 교회 예배에 한 달에 한 번 이상 참석하는 사람은 전체 국민 가운데 10% 정도이며 일주일에 한 번 교회에 가는 사람은 그보다 훨씬 적어 덴마크는 3%, 스웨덴은 7%뿐이다.

성경이 하느님의 말씀을 옮긴 것이라고 믿는 사람도 거의 없다. 덴마크에서 자녀에게 가르쳐야 하는 덕목들에 대한 질문에 관용/존중, 독립성, 예의범절, 다른 사람을 생각하는 마음, 상상력 등을 든 사람은 각각 87%, 80%, 72%, 56%, 37%인 반면 기독교 신앙을 든 사람은 8%에 불과하다. 한마디로 덴마크와 스웨덴 사람들의 90% 정도가 기독교를 신앙의 대상으로 받아들이지 않고 도덕적 규범으로도 그다지 높이 평가하지 않으며 단지 전통적인 문화 양식으로 여길 뿐이다.

덴마크나 스웨덴 사람들도 교회를 찾거나 종교행사에 참여하거나 세례를 받는다. 하지만 그것은 깊은 신앙 때문도 아니고 영혼을 구원받기 위해서도 영생을 얻기 위해서도 아니라 특별한 고양된 기분을 느끼거나 마음의 위로를 받거나 공동체의 유대감을 얻거나 그것도 아니면 단순히 문화적인 관성에 따르는 것이다.

종교는 병자와 노인, 가난한 사람과 약자를 돌보고 자비와 자선을 행하고 사람들에게 선의를 베풀고 관대한 마음과 겸손과 정직을 기르고 개인적인 이기심보다 공동체를 생각하라고 가르쳐 왔다. 주크만은 이런 종교의 가르침을 가장 성공적으로 실천하는 나라는 종교적인 나라가 아니라 덴마크와 스웨덴 같이 가장 비종교적인 나라들이라고 말한다.

미국, 라틴아메리카, 중동, 아시아의 일부와 같이 빈부 격차, 상대적인 박탈감, 불안정한 사회, 낮은 삶의 질에 시달리는 나라일수록 종교적인 반면 북유럽과 같이 정의롭고 안전하고 평등하고 인간적이고 번영하는 나라일수록 비종교적이다.

지난 10여 년 동안 신자로서 주일미사에 참석하며 마음의 안식을 얻은 대구 범어성당의 본당건물이 지난 3월 19일 철거됐다. 1996년 대구대교구로 사목권이 이관되기 전 40년 동안 꼰벤뚜알 프란치스코 수도회 소속으로 수호성인인 프란치스코 성인 입상이 본당 건물 처마 위에 서 있는 소박하고도 정갈한 곳이었다. 예수님의 공생활을 담은 아름다운 스테인드글라스 창으로 빛이 들어오고 성가대의 합창이 울릴 때 신비로운 느낌마저 들었다. 그곳에서 미사는 찬미와 감사의 마음을 가득하게 했다.

신자들은 미사가 끝난 후에 프란치스코 성인이 바라보는

본당 앞마당에 모여서 한편으로는 고양되고 한편으로는 은총에 가득하여 기쁜 마음으로 신부님과 교우들과 인사하고 담소하고 교우인 이웃들과 인근 식당으로 가서 점심식사를 함께 하기도 했다. 성당은 순정하면서도 따뜻한 교회 공동체로서의 일체감을 느끼게 했다. 그것은 신앙을 위해 내가 읽은 종교서적들이 주지 못한 위로와 기쁨이었다.

그런데 그 성당의 본당 건물이 없어졌다. 뒤늦게 철거 사진을 보니 마음이 아팠다. 그곳에 마음이 가난한 자를 위로하는 건물 대신 중세의 성당을 모방한 것과 같은 거대하고 높고 두꺼운 건물이 들어서고 있다. 발길이 닿질 않는다.

# 공천

왕조시대 특히 유교이념이 강화된 조선시대에 절대 권력
자인 왕에 저항하는 것은 목숨을 내거는 일이었다. 왕에 저
항하는 자가 설령 명분을 가지고 있다고 하더라도 그 명분은
그야말로 명분일 뿐이다. 왕은 본질적으로 자신이 옳고 옳을
수밖에 없다고 생각하고 또 그렇게 보여야 한다는 강박관념
을 가진다. 왕은 자신에 대한 비판을 용납할 수 없다. 따라서
왕이 어리석거나 불공정하거나 가혹하다고 하더라도 이를
지적하는 것은 본질적으로 어리석은 행위가 된다.

대다수 사람들은 이를 알고 있었다. 따라서 왕을 비판하는
자는 그것이 왕과의 싸움임에도 왕과의 싸움을 회피하고 왕
의 측근들을 비난한다. 왕을 건드리는 이른바 역린(逆鱗)과
같은 일을 극력 피하고자 한다. 사실 문제의 핵심은 왕인데

도 말이다.

왕을 비판하거나 왕에 저항하는 일이 왕의 측근들을 비판하고 저항하고 싸우는 일로 포장된다. 왕을 비판하는 자는 왕이 아니라 왕의 측근들을 비판하는 사실을 내세운다. 하지만 왕의 측근들은 그가 결국 왕을 비판하고 있음을 안다. 왕의 측근들은 한걸음 더 나가 왕을 위해 왕에 저항하거나 비판하는 낌새를 조금이라도 보이는 자를 골라내고, 적절한 이유를 내세워 자르고 제거한다.

왕에 저항하는 자는 왕과 싸우는 것이 아니라 왕의 뜻을 받드는 수족들과 싸우는 상황에 놓인다. 왕에 저항하면서도 왕을 비판하지 못하고 왕의 수족이나 다름없는 왕의 측근들을 비판한다. 왕에 저항하면서도 왕을 기리고 왕의 성공을 비는 혼돈스러운 상황이 벌어진다. 이러한 모습은 동양의 전제 군주 국가에서 과거 반복된 정치의 실제 모습이었을 것이다.

이한구 새누리당 공천관리위원회 위원장은 유승민 의원에 대해 "(당이) 텃밭에서 3선 기회를 주고 늘 당의 요직을 줬다. (그럼에도) 당을 모욕했다."라고 말했다. 유승민 의원이 국회의원이 된 것은 당이 은혜를 베풀었기 때문이라는 취지다. 이한구 공관위원장이 말하는 당은 살아있는 실체가 아니므로 유승민 의원이 당시 박근혜 당대표의 은혜를 입어 국회의원이 되었음에도 주군인 박근혜 대통령을 배신하고 자기 정치를 했다고 점을 지적하는 것으로 보인다.

이 나라에 국회의원이 되려는 자는 주군의 성은(聖恩)을 입은 것이라고 생각하는 자는 이한구 공관위원장뿐만이 아니다. 여당 국회의원이 되려는 자들 가운데 많은 사람들이 스스로 진박, 친박이라고 내세우면서 성은을 입었음을 경쟁적으로 내보이고 있다. 이것은 여당만의 현상이 아니다. 야당의 공천과정도 비슷하기는 마찬가지다.

서구의 정치사는 왕에 대한 비판과 왕의 권력에 대한 제한을 목적으로 의회민주주의와 삼권분립을 이뤘다. 대한민국은 이러한 서구 의회민주주의와 삼권분립을 도입하여 국가의 기본제도로 삼고 있다. 그럼에도 지금의 대한민국에 동양전제군주국가 시대에서나 벌어질 주군의 성은(聖恩)을 입는 일이 국회의원 공천이라는 이름으로 버젓이 벌어지고 있다. 어둡고도 우울한 일이다.

국회의원이 되기 위해 국회의원 공천을 받아야 하고 국회의원 공천을 받으려면 누군가로부터 은혜를 입지 않으면 안된다는 것은 민주주의를 출발부터 뒤집는 것이다. 그렇게 국회의원이 된 자들은 임기 내내 국민이나 자신의 지역구민을 생각하기보다 밀실에서 은혜를 베풀어준 누군가를 먼저 떠올리고 그의 수족 노릇을 충실히 하지 않겠는가. 소수의 사람들이 지역구민의 뜻이나 지역당원의 뜻과는 상관없이 밀실에서 은혜를 베풀듯 벌이는 현재의 국회의원 공천제도는 반드시 바뀌어야 한다.

# 국회의원 선거

　제20대 국회의원 후보자들의 운명을 결정할 4월 13일 선거일이 바로 코앞으로 다가왔다. 이번 국회의원 선거는 그 결과가 아직 나오지 않았지만 선거가 정치를 만들고 정치판을 움직이는 원동력이라는 사실을 새삼 깨닫게 한다.

　새누리당은 서슬 퍼런 배신의 정치심판론이 증발되었다. 공천권을 안하무인 마음대로 휘두르던 이한구 공천관리위원장은 어디로 갔는지 꼬리마저 사라졌다. 김무성 당대표가 공천관리위원장에 맞서 옥새파동을 벌일 것이라고는 아무도 생각하지 못했다.

　지역구의 민심이나 여론과는 상관없이 오로지 진박이라는 이유로 아무나 돌려 꽂고, 대통령에 대한 충성만을 내세우는 진박 마케팅도 사라졌다. 진박을 자처하던 대구 새누리당 후보들은 길거리에서 "새누리당이 잘못했다. 오만하고 시민을 무시했다."며 무릎을 꿇었다.

대구·경북 국회의원은 무조건 대통령의 뜻을 받들어야 한다며 국회의원을 대통령의 수족으로 줄기차게 희화화(戲畫化)하면서 비박 공격에 앞장선 최경환 새누리당 대구·경북 공동선대위원장도 다시는 진박 이야기를 하지 않겠다고 다짐했다. 그러나 그는 아직도 자신의 지지자들에게만 통할 만한 수준 낮은 정치 코미디를 계속 해서 많은 사람들을 눈살 찌푸리게 만들고 있다는 사실을 모르는 것 같다.

더민주당의 김종인 비상대책위대표는 지나친 자신감 탓인지 자신을 비례대표 2번에 두는 바람에 현 정부에 대한 경제 심판론의 불길을 제대로 지피지 못했다. 반면에 그간 실패를 거듭해온 문재인 대표는 김종인 비대위 대표를 감싸고 나섬으로써 포용력을 보여줬다.

우리 정치판에서 누구보다도 상대방이나 상대 당에 대해 신랄하고 공격적인 말을 잘도 던지는 사람은 박근혜 대통령도 아니고 김종인 비대위대표도 아닌 국민의당 안철수 공동대표라는 뜻밖의 사실도 드러났다. 그럼에도 불구하고 안철수 대표의 말은 상당히 호소력을 지닌다. 거기에는 여러 가지 이유가 있겠지만 탈권위적인 태도와 목소리가 작용하는 것 같다. 안철수 대표의 3당론에 대해 야권연대를 주장하며 자기 몫을 챙기려던 김한길 의원은 안철수 대표의 3당론이 국민의당의 등판 이유라는 것을 제대로 이해하지 못한 채 갈팡질팡하는 인상을 주었다.

선거운동은 민심을 얻는 과정이며 선거결과는 민심의 반영이다. 민심은 유권자들의 생각의 결과물이다. 사람마다 생각이 다른 것은 당연하다. 더구나 국회의원 선거결과가 꼭 민심을 정확하게 반영한다고 볼 수 없다. 제한된 후보에 대해 제한된 정보를 가지고 선택하기 때문이다. 누가 진실하고 소신 있는 사람인지 알기에는 시간과 정보가 턱없이 부족할 수도 있고 후보와 당이 갈릴 수도 있다.

국회의원 후보들은 마지막까지 유권자의 마음을 얻기 위해 이틀 남은 선거운동기간에도 혼신의 힘을 다할 것이다. 13일 선거결과 누가 당선되고 누가 떨어지더라도 그것은 평생 자격증이 아니라 4년간 일할 수 있는 기회를 주는 것에 불과하다. 당선자나 낙선자나 모두 선거 다음날 산으로 봄나들이를 나서면 어떨까. 덧없이 휘날리는 꽃잎을 보며 마음을 추스르는 것이다. 삶이란 한나절 봄나들이 아닌가.

# 제20대 총선에서
# 건져 올린 것들

　지난 13일 제20대 총선 결과 더민주당이 123석을 차지해 원내 제1당이 되었다. 새누리당은 122석으로 제19대 152석에 비해 30석 이상을 잃고 원내 제2당으로 내려앉았다. 국민의당은 호남의 몰표와 수도권의 정당표에 힘입어 38석을 얻고 원내에 제3당으로 들어섰다.

　사람들이 이번 총선 결과를 두고 여러 가지 말을 하지만 나는 문재인 더민주당 전 대표의 성공이라고 본다. 문재인 전 대표는 올 1월 김종인 비대위원장을 영입하고 자신은 스스로 사퇴한 후 총선에 백의종군했다. 과거 운동권 특유의 비타협적인 원칙에만 매달리는 것과는 달라진 모습을 보여주었다. 김종인 대표가 비례 대표 문제로 저항을 받을 때도 김 대표가 계속 역할을 수행할 수 있도록 그의 결정을 지지

했다. 문 전 대표는 호남의원들의 대거 탈당과 좁아진 입지에도 불구하고 포용과 역할분담을 통한 더 큰 리더십을 보여줌으로써 오히려 호남을 제외하고는 더 많은 지지를 얻었다.

안철수 대표도 일정한 성공을 거두었다. 그의 3당론은 우리 정치의 다양성을 정착시키는 가능성을 열었다고 할 수 있다. 그러나 한편으로는 국민의당의 호남 득세는 안철수 대표와 호남기득권 세력과의 결탁이라는 비판도 있다. 안 대표는 눈앞의 가능성만으로 호남 위주의 전략을 선택함으로써 전략적인 승리보다는 전술적인 승리를 얻는 데 그쳤다. 제3당의 대표로 국회에 입성했으나 대선가도에서는 멀어졌다. 국민들이 대선에서 제1야당의 후보를 제쳐두고 사실상 호남당인 국민의당 후보를 선택할지 의문이기 때문이다.

사람들은 새누리당 지도부가 총선 참패에도 불구하고 아직도 정신을 차리지 못한다고 말한다. 비상대책위원회의 구성을 보면 한숨이 저절로 나온다. 국민은 아랑곳없이 마치 왕조시대의 군주에 대한 충성 경쟁에 나선 것과 같은 친박, 신박, 진박과 같은 부류들이 등장하여 사조직과 같은 곳에서나 어울리는 '배신'이나 '의리' 같은 단어들로 새누리당을 흔들고 있다. 새누리당 지도부가 진정으로 박근혜 정부의 성공을 바란다면 오만, 불통, 독선, 무능에 대해 변화와 변혁을 요구해야 한다.

　많은 사람들은 지금 우리나라에 필요한 대통령의 리더십이 결단이나 추진의 리더십이 아니라 화합과 소통과 역할분담의 리더십이라고 지적한다. 그것은 국가정책을 독점하여 결정하려는 독점적 리더십이 아니라 화합과 소통을 통해 정책결정을 이끌고 합의된 정책을 적절하게 집행하는 민주적 리더십이다.

　문재인 전 대표는 '사람이 먼저다'라는 그의 구호처럼 사람에 대한 신뢰와 포용을 지키며 민주적 리더십을 지닌 정치인으로서의 길을 걸어가야 한다. 안철수 대표도 당장의 지지기반만을 생각해서 호남에 사로잡혀서는 안 된다. 국민의당을 수권정당으로 세우려면 호남을 넘는 역할분담과 권력배분의 조정자로서 더 큰 리더십을 보여주어야 한다.

# 힘들 때 견디는 것

당신은 힘들고 어려울 때 어떻게 견디는가. 누구나 살다 보면 좌절하게 되거나 분노가 치밀어 오르거나 궁지에 몰리게 되는 경우가 있다. 그럴 때, 그 고통스런 상황을 벗어나고 싶을 때 당신은 어떻게 하는가. 벗어날 수는 있는가.

당신에게 주어진 상황이 힘들어졌고 무엇보다 당신의 머릿속의 생각이 고통스러워도 당신이 존재한다는 사실은 변함이 없다. 당신이 숨 쉬고 존재하고 있으며 나머지 것들은 변화의 한 형태일 뿐이다. 가진 것을 잃었고 얻을 수 있는 것을 얻지 못하여 고통스럽지만 당신의 삶에 그 반대의 경우도 있었을 것이다.

코로 숨을 들이쉰다. 두 발로 한 걸음씩 걸으며 숨을 들이마신다. 봄의 대기가 몸에 들어온다. 바람 같기도 하고 연록

잎 같기도 하고 숲 속 흙 내음 같기도 하고 그리움 같기도 한 공기가 내 몸을 채우고 비운다.

힘들 때도 숨을 쉬어야 한다. 숨을 쉬는 것은 존재하는 것이다. 아무리 힘들어도 당신이 숨 쉴 수 있다면 당신은 존재할 수 있다는 것이고 존재할 수 있다는 것은 견딜 수 있다는 것이다.

힘들 때 견디기 위해 잊어야 한다. 그런데 문제는 단순히 잊고자 한다고 잊히는 것이 아니다. 잊기 위해서는 일정한 노력이 필요하다. 거리를 두거나 떨어져 나와야 한다. 운동을 하거나 영화를 보거나 책을 보거나 다른 무엇에 몰입해야 한다. 그런데 운동이나 영화나 독서나 다른 무엇이 평소 당신이 하지 않는 일이라면 갑자기 그 일에 몰입할 수 없다. 당신이 무언가를 잊는 힘을 갖기 위해서는 운동이나 영화나 독서나 다른 일을 미리 습관처럼 해야 한다.

친구나 주위 사람들을 만나는 것도 힘들 때 고통을 견디는 방법이다. 사람은 혼자일 때보다 누군가 또는 다른 사람들과 함께 있을 때 그 사람으로부터 기운을 받는다. 긍정적이고 감동적이며 열정적인 사람들을 만나면 당신도 긍정적이고 감동적이고 열정적이 되어 고통을 이기게 된다. 당신이 사람들과 어울려 대화하고 공감하고 그것이 일정한 공동체적인 형태를 띤다면 당신은 더욱 안정적인 상태에 놓여 힘든 상태로부터 이미 벗어나 있음을 깨닫는다.

그러나 그럼에도 아직도 당신이 힘들고 고통스런 상황에 대한 '생각'에서 벗어날 수 없다면 어떻게 해야 하나. 당신은 이제 당신을 힘들고 고통스럽게 하는 문제들에 대해 반복해서 생각하고 조금이라도 문제를 해결할 계획을 세우고 또 세울 수밖에 없다. 그것은 고통스런 상황을 받아들인다는 뜻이다. 벌써 당신은 마음속에 이 일을 생각하고 있겠지만 말이다.

당신은 당신만의 공간인 집에서 눕는다. 몸을 펴거나 구부려 편한 자세를 취하기도 한다. 당신은 집을 나와 걷는다. 공원을 걷거나 숲길을 걷는다. 발바닥으로 흙을 살며시 눌러본다. 당신이 눕거나 걷거나 당신의 몸은 당신이 존재한다는 사실을 확인한다.

당신 몸은 당신의 존재처럼 신비롭다. 몸의 놀라운 점은 몸이 자신의 몸에 대해 힘은 느끼지만 무게는 느끼지 않는다는 점이다. 당신 몸이 무게가 있음에도 당신은 몸의 무게를 느끼지 않는다. 당신은 당신 몸과 일체이므로 몸은 힘이 된다. 당신 몸처럼 당신이 힘든 상황이나 고통스러운 생각을 받아들인다면 그것은 힘이 될 수 있다.

아내에게 "당신은 힘들 때 어떻게 견디지?"라고 물었다.

"명상을 해요. 산책도 하고, 운동도 하지요. 노래도 듣고요. 그러고 보니 할 것이 너무 많네요."

아내가 활짝 웃는다.

# 대한체육회의 이중징계 규정

어느 검사가 다른 곳으로 이임(移任)을 하게 되자 고등학교 동기들 가운데 몇 사람이 돈을 모아 그에게 전별금(錢別金)으로 건네주었다. 이 검사는 다른 동기들까지 불러 모아 자신은 전별금과 같은 돈을 받지 않는다고 전별금을 준 이들을 공개적으로 엄하게 훈계하였다. 동기들 일부는 그의 행동에 대해 "진짜 청렴한 친구"라고 했고 일부는 "이상한 놈"이라고 했다. 그는 검사로 재직 중에 거액의 뇌물을 받아 재판을 받았고 결국 수감생활까지 했다.

남에게 인정(人情)보다 엄격한 원칙과 기준을 내세우는 사람들 중에 사실은 더 부패한 경우가 종종 있다. 그들은 자신을 위장하기 위해 남의 실수나 잘못을 혹독하게 비판하는 엄한 언행을 보이기도 한다. 그들의 숨겨진 이면을 알지 못하는 사람들로서는 그가 원칙과 기준에 충실하게 보이는데 누가 그를 비난할 수 있겠는가.

사마천은 그의 책 『사기열전』에 「혹리열전(酷吏列傳)」을 두어 12명의 가혹한 관리들에 관해 기록을 남겼다. 사마천이 살았던 때 제왕인 한무제(漢武帝)는 매우 아집이 강한 권력의 신봉자였다. 자신이 만든 법이 위력을 가지고 집행되기를 원하였고 이에 부응하여 여기저기 혹리들이 날뛰었다.

혹리들은 누구에게나 엄격한 법집행을 내세운다. 그것은 권력자가 원하는 대로 권력자의 위세를 높이는 것이므로 혹리들은 당연히 권력자의 눈에 들게 된다. 혹리들은 오로지 임금에게만 충성하고 나머지 사람들에게는 직위고하를 막론하고 엄격한 원칙과 기준을 내세워 업신여기고 각박하게 대한다. 권력자가 혹리를 총애하고 중용하는 이유이다.

지금도 출세하고자 하는 자들이나 그런 자들이 우두머리로 있는 집단은 오로지 권력자에게만 충성하고 나머지 사람들에게 가혹한 처사를 강행하는 혹리(酷吏)의 전형(典型)을 보이는 경우가 적지 않다.

대한체육회는 국제수영연맹(FINA)이 수영선수 박태환에게 2016년 3월 2일까지 선수자격을 정지하는 처분을 내렸음에도 체육회 국가대표선발 규정을 들어 박태환 선수를 향후

3년간 국가대표로 선발할 수 없다고 밝혔다. '금지약물 복용 선수는 징계가 만료된 날로부터 3년이 경과하지 아니하면 국가대표로서 선발될 수 없다'는 이 규정은 작년 7월 추가되었으나 당시에도 형벌에 징계처분을 더하는 경우와는 다르게 징계에 징계를 덧붙여 이중징계라는 논란이 있었다.

위 규정이 추가될 무렵 대한체육회의 임원들의 비리에 대해 검찰수사가 벌어지고 있을 때여서 대한체육회의 임원들이 자신들의 치부를 감추기 위해 국가대표선수선발 규정을 더욱 엄하게 바꾼 것이 아닌가 하는 의심을 불러일으켰다.

대한체육회의 정관을 포함한 여러 규정 등을 살펴보면 대한체육회가 임원보다는 선수들에게 가혹한 단체라는 인상을 지울 수 없다. 더구나 자국선수들을 감싸고 보호해야 할 대한체육회가 자국선수에게 FINA보다 더 날 선 기준을 들이대는 것은 납득하기 어렵다.

대한체육회는 안현수 선수의 러시아 귀화에서 아무런 교훈을 얻지 못한 것이 아닌가 한다. 오로지 운동을 위해 오랜 세월 동안 자신의 모든 것을 바친 선수가 한 번 실수했다고 해서 획일적이고도 가혹한 규정과 기준을 내세워 국가대표 선발에서 3년이나 배제하는 것은 옳지 않다.

박태환 선수는 의사의 처방에 따라 금지약물을 복용한 사

실을 제외하고는 모범적인 선수생활을 해왔다. 그에게 재기
의 기회를 주어야 한다.

여름

# 돈에 목매는 곳

서울의 법원에 근무하다가 근무지로 고향인 대구에 내려온 판사 한 분은 사석에서 나에게 이런 말을 한 적이 있다.

"서울은 너무 돈에 혈안이 되어 있는 곳이어요. 법조인들까지 돈을 밝히니까 서울에서는 동기 만나기도 부담스러워요. 대구는 서울과는 너무 분위기가 달라요. 사람들도 소박하고 변호사들도 수수해서 만나면 마음이 편해요. 가족들만 아니면 대구에서 계속 근무하고 싶어요."

돈에 있어서는 서울 사람들이 훨씬 계산이 빠르고 단위도 높은 것은 틀림없다. 부정한 거래든 정당한 거래든 말이다. 변호사 업계에서도 서울 변호사들이나 서울 로펌들은 물론 다 그런 것은 아니겠지만 기회라고 생각되면 엄청난 수임료를 부르는 것으로 알려져 있다.

대구에서 있었던 이혼소송에서 대구 변호사를 수임한 쪽은 변호사에게 부가세를 포함한 착수금으로 불과 몇 백만 원만을 주었을 뿐이나 서울의 유명 로펌을 찾은 상대방은 그 이혼소송의 착수금만으로도 1억 원이 넘는 돈을 지급한 경우도 있다. 그렇다고 소송결과가 낫다고 할 수도 없다. 형사사건 착수금도 대구보다 수십 배로 뛰는 일도 적지 않다.

　서울은 기본적으로 땅값부터 비싸다. 서울의 수많은 건물들이 비싸듯이 재력가나 자본가도 적지 않다. 물가도 당연히 비싸다. 서울은 최상의 물건이나 최상의 서비스를 제공받으려면 그 가액이 엄청나게 높다. 돈의 양(量)이 삶의 질을 극단적으로 결정하는 곳처럼 보인다.

　이런 곳에서는 상대적인 빈곤감을 가지지 않을 수 없다. 이를 벗어나기 위해서는 돈에 대해 더욱 악착같이 매달리게 되고 돈 액수도 커질 수밖에 없다. 그러나 정상적으로 일을 해서 부를 쌓기는 어디서나 어렵다. 돈에 혈안이 된 사람들은 편법과 탈법을 통해 돈을 버는 것을 생각하게 된다. 자연히 부패와 한탕주의에 사로잡히기 쉽다. 서울은 이런 분위기에 물든 곳이다.

　수십 억 거액 수임료와 로비의혹으로 논란을 빚고 있는 부장판사 출신의 최 변호사는 나와 사법연수원 동기이다.

사법연수원에서도 재기발랄한 데다가 감성도 매우 풍부하고 솔직하고 적극적이어서 평이 좋았다. 부장판사로 사직한 최 변호사는 로펌에 고용되었으나 일 년 후 개인사무실을 열었다. 최 변호사는 성격상 의뢰인을 위해 매우 의욕적으로 일했을 것이 분명하다. 법조 브로커는 이런 최 변호사를 눈여겨보고 접근했을 것이다. 의뢰인을 위해 열심히 일하던 그가 졸부와 법조 브로커에 의해 거액 수임료의 유혹에 빠진 것이 안타깝다.

돈의 유혹은 변호사에게만 있는 것이 아니다. 게임회사의 주식을 받아 126억 원을 삼킨 서울의 검사장급 검사도 있다. 이 검사는 주식을 뇌물로 받은 것이 아닌가 하는 의혹이 일자 사직서를 제출했으나 사표수리가 보류된 채 뇌물 수수 혐의로 수사를 받고 있다.

돈과 사람 사이에도 적당한 거리가 필요하다. 돈이 좋기는 하지만 돈이 많다고 해서 건강이 좋아지고 마음까지 평온해지는 것은 아니다. 오히려 돈은 사람을 피곤하고 불안하게 만든다. 어느 판사 출신 변호사는 이런 말을 했다. "판사 할 때는 몰랐는데 변호사가 되고 보니 판결 선고 결과에 피가 마르는 것 같다." 아마 그는 많은 돈을 수임료로 받았거나 받기로 하였을 것이다. 결과에 대해 불안한 것은 당연하다.

돈을 많이 버는 사람이 적게 버는 사람보다 더 행복한 것은 아니다. 오히려 겉으로 드러나는 것과는 달리 불행해지는 사람들도 적지 않다. 돈을 많이 가지거나 돈을 많이 버는 사람들이 많은 서울이 행복한 곳이라는 생각이 들지 않는다.

# 변호사 vs 법조브로커

당신은 법적인 문제에 부딪히면 누구를 찾는가. 변호사 수가 몇 배로 늘어났지만 변호사를 찾는 것이 아니라 주변의 경찰들, 법원이나 검찰 직원들, 변호사 사무장 또는 판사나 검사를 잘 안다는 사람을 찾지 않는가.

보통 사람들은 평상시 경찰들, 법원이나 검찰 직원들 또는 판사나 검사와 잘 알고 지낼 이유가 없다. 그곳에 근무하지도 않고 근무한 적이 없는데도 경찰과 검사, 판사, 변호사까지 잘 알고 있다고 한다면 이들은 직업적인 법조브로커일 가능성이 높다. 당신이 사건을 이들에게 맡긴다면 당신은 법조브로커에게 그리고 그가 연결한 변호사에게 수임료로 훨씬 많은 돈을 지급하게 된다. 브로커가 자신의 몫까지 변호사 수임료에 얹기 때문에 변호사가 요구하는 것보다 훨씬 많아질 수밖에 없다. 당신도 돈이 아깝지 않다. 판사나 검사와 식사를 하고 접대를 한다는데 돈을 아낄 수 없지 않는가.

내가 아는 검사들이나 판사들은 하나같이 사건에 관해 청탁이나 접대를 받는 일이 절대로 없다고 말한다. 브로커들이나 브로커들이 연결한 변호사들, 대부분 전관출신 변호사들의 청탁과 관련한 말은 말에 그치고 실제 청탁이 이뤄지는 경우는 극히 드물고 또한 청탁에 나선다고 해도 성공하는 청탁보다 성공하지 못하는 청탁이 훨씬 많다는 말이다.

판사나 검사나 경찰로서 사건 청탁과 관련하여 접대를 받거나 돈을 받고 그 일을 청탁자에게 유리하게 해준다면 그것은 사법의 핵심인 공정함에 반대되는 행위를 저지르는 것이다. 판사나 검사나 경찰이 정말 조금이라도 제정신을 가지고 있다면 자신의 신상을 위해서라도 돈이나 접대로 청탁을 받는 상황을 피하고자 할 것이다.

그런데도 브로커들이 기승을 부리고 청탁의 대가로 거액의 변호사 수임료가 오고가는 현실이 여전히 존재하는 이유는 뭘까. 검찰의 기소여부나 법원의 결정이나 판결이 검사나 판사의 손에 의해 독점적으로 비밀리에 이뤄져 나머지 사람들로서는 결과를 전혀 알 수 없기 때문이다.

법원의 재판의 경우 그나마 심리가 공개적으로 이뤄지는

데 반해 검찰의 경우 수사과정이 전적으로 비공개로 이뤄지고 진행도 일방적이므로 결과가 예측하기 어렵다. 이처럼 결과에 대한 예측이 극히 불투명한 상황에서 결과를 확실하게 만드는 것처럼 꾸미는 브로커의 말에 누구든지 쉽게 헤어나기 어렵다.

브로커의 기승을 막기 위해서는 다른 무엇보다 재판이나 수사 결과를 예측 가능하게 만드는 것이 가장 중요하다. 법원에 대하여는 현재의 국민참여재판 제도를 활성화하고 민사사건 재판에도 확대해야 한다. 검찰에 대하여는 당사자나 변호인에게 수사과정이나 수사내용에 대해 통보하고 당사자나 변호인이 수사과정이나 수사내용에 최대한 접근하는 것을 가능하도록 해야 한다.

우리나라는 검사가 최종적인 수사권과 독점적인 기소권을 모두 가지고 있어 검사가 수사를 왜곡하여 무혐의 등 불기소 처분을 하는 경우 일반인이 수사의 왜곡을 밝히기는 거의 불가능하다. 일정한 범위 내에서 수사권과 기소권을 분리하거나 기소법정주의의 도입이 필요하다. 현재 검찰의 기소권과 관련해서 검찰시민위원회나 법원의 재정신청제도가 있으나 형식적인 제도에 그치고 있다. 검찰시민위원회의 공정한 인적 구성과 실질적인 기소 심의가 이뤄져야 하며 법원도 재정신청사건 심리를 활성화하는 방안을 강구해야 한다.

　부정한 일을 저지르면서 살아온 사람들은 스스로 모든 일에 비정상적인 절차나 경로가 존재한다고 믿는다. 이런 절차나 경로를 밟으면 더 유리한 결과가 있을 것으로 생각한다. 문제는 이들의 부정한 처리방식이 그렇지 않은 주변 사람들까지 오염시켜 우리 사회가 겉으로는 멀쩡해도 속으로는 썩었다고 믿게 만든다는 점이다.

　청탁을 위해 쓰이는 돈은 사실상 수많은 피해자들의 돈이기도 하고 횡령 등 불법과 탈법으로 형성된 돈인 경우가 대부분이다. 이 불법적인 돈을 법조브로커나 법조브로커와 연결된 법조인들이 나눠 가지는 것이다.

여름 · 273

　서울지방변호사회의 설문 조사에 따르면 설문 대상자인 변호사 2,563명 중 52%가 한 달 순수입이 300만~600만 원 정도에 불과하다고 답했다. 수많은 변호사들이 의욕이 넘치나 사건이 없다. 나는 변호사로서 당신에게 조언하고 싶다. 법적인 문제에 부딪히면 브로커를 찾을 것이 아니라 이들 변호사를 찾아라. 그들에게 사건을 맡기고 그들과 최대한 많이 이야기를 나눠라. 그들이 들이는 시간만큼 제대로 수임료를 지급하라. 그들은 당신을 위해 최대한의 노력을 쏟을 것이다. 그것이 최선이다.

# 범죄피해자가 되지 않으려면

"강간 범죄자와 부딪히면 어떻게 대응하는 것이 가장 최선일까?"라는 질문에 미국 여성들이 답변한 글을 본 적이 있다. 많은 여성들이 강간범으로 하여금 강간을 포기하게 만드는 가장 효과적인 대응으로 주변에 차가 주차되어 있다면 차 밑으로 들어가는 방법을 제시한 것이 기억난다.

주위에 사람이 없다면 비명이나 소리를 지르지 않아야 한다는 대답도 기억에 남는다. 비명이나 소리는 범죄자를 흥분하게 하고 범죄자가 소리를 막기 위해 피해자를 공격하기 때문이다. 실제 내가 맡았던 강간사건 중에 피해자가 소리를 지르자 불행하게도 강간범이 피해자를 때려 피해자의 치아를 여러 개 부러뜨린 경우가 있었다.

범죄자와 홀로 대면하는 것은 두려운 일이지만 놀랍게도

범행현장에서 강간범을 설득한 피해자들도 있다. 내가 맡았던 사건 중에도 피해자들이 강간범에게 몸을 씻겠다든지 생리가 아직 끝나지 않았다든지 대화를 나누면서 시간을 끌다가 욕실 문을 잠그거나 집 밖에서 만나자고 한 후 경찰에 신고하여 강간범을 체포한 경우도 있었다.

그러나 범죄자와 부딪히지 않는 것이 더 낫다는 것은 말할 필요가 없다. 어떻게 하면 범죄자와 부딪히지 않을까. 범죄자들은 대부분 우발적으로 범죄를 저지르기보다는 범죄를 준비하고 범행을 용이하게 저지를 대상과 기회를 찾는다. 따라서 범죄가 일어날 가능성이 높은 시간과 장소에 놓이는 상황을 피하여야 한다. 실제로 밤 시간에 긴장이 떨어지는 유흥가에서 범죄가 발생하는 경우가 가장 빈번하다.

최근 서울 강남역 부근의 상가 화장실에서 20대 여성이 살해되는 사건이 발생했다. 상가 계단 CCTV에는 가해자와 피해자의 움직임이 찍혀 있었다. 가해자는 남녀공용 화장실 부근 계단을 서성거리다가 화장실 쪽으로 들어간다. 이어 피해여성이 계단을 올라와 화장실 쪽으로 들어간 후 몇 분 뒤 가해자가 계단으로 내려온다.

수사결과 가해자는 화장실에서 한참 동안 범행 대상자를 찾다가 피해자가 첫 여성으로 들어오자마자 흉기로 찔러 살해한 후 현장을 빠져나간 것으로 드러났다. 피해여성은 전혀 면식이 없는 가해자에 의해 살해된 것이다. 많은 사람들은 피해여성의 억울한 죽음을 함께 슬퍼하고 피해여성을 추모 했다.

누구나 어떤 상황에서나 생명이나 신체훼손을 목적으로 하는 범죄의 피해자가 될 수 있다. 정신질환자에 의한 범죄 가 적지 않은 데다가 걸어 다니는 정신질환자가 전체 인구의 1%에 이른다는 통계도 있기 때문이다. 하지만 이런 범죄행 위자도 다른 범죄자들과 마찬가지로 범행을 용이하게 저지 르기 위해 범행 시간과 장소, 범행 대상을 선택한다.

범죄피해자가 되는 불행한 일을 피하려면 우선 범죄에 용 이한 시간과 장소를 피해야 한다. 어쩔 수 없이 범죄가 일어 날 만한 시간과 장소에 있게 되면 일행과 떨어져 혼자 행동 해서는 안 된다. 최대한 주변을 살피고 주의를 기울여야 한 다. 낯선 이의 움직임에 조금이라도 이상한 느낌을 받으면 빨리 그 장소에서 벗어나야 한다.

특히 화장실은 범죄가 빈번하게 일어나는 장소이다. 야간 에 이용자가 드문 공중화장실과 같은 장소에 혼자 가거나 혼 자 머무르는 것은 위험하다. 누구나 들어올 수 있는 데다가 대개 출구가 하나밖에 없어 범죄자로부터 도망치기 어렵다.

무엇보다 범죄는 당신에게도 일어날 수 있다고 생각하는 것
이 범죄피해자가 되지 않는 길이다.

# 삶의 배경

당신의 삶이 순전히 당신의 삶으로만 이뤄지지 않듯이 당신의 행복도 순전히 당신의 행복으로만 이뤄지지 않으며 당신의 재산도 순전히 당신의 재산으로만 이뤄지지 않는다. 당신의 행복이나 재산, 삶의 여정(旅程)이 당신이 속한 공동체와 뗄 수 없는 관계에 있기 때문이다.

당신의 삶이 주변과 시간과 공간적으로 분리되고 독립적이며 개별적으로 홀로 존재하는 것과 같은 순간들이 없는 것은 아니다. 그러나 당신의 삶이란 가족에서부터 동네, 친구, 학교, 군대, 직장, 도시, 마을, 모임, 교회, 국가라는 공동체의 배경 속에 존재한다. 그것은 황동규의 시 「즐거운 편지」의 "그대가 앉아있는 배경에서 해가 지고 바람이 부는 일처럼" 개인의 삶의 배경이 된다.

공동체는 당신의 삶의 배경이 될 뿐 아니라 당신의 삶을 형성하고 규정하기도 한다. 당신이 재산을 쌓고 명예를 쌓더라도 당신의 이웃이, 당신의 동네가, 당신의 도시가, 당신의 나라가 가난하고 헐벗으면 당신의 삶은 그 분위기에 벗어나기 어렵다. 당신은 돈을 벌고 명예를 얻으면 더 나은 공기, 더 나은 도로, 더 나은 공원, 더 나은 이웃이 있는 더 나은 동네, 더 나은 도시, 더 나은 곳을 찾아 나선다.

　배경이 아름답지 않으면 삶이 아름답기 어렵다. 당신의 삶이 풍요롭고 아름답게 되려면 당신의 삶의 배경인 공동체의 삶이 풍요롭고 아름다워야 한다. 공동체의 삶이 헐벗고 구차하다면 당신이 많은 재산을 쌓는다고 하더라도 당신의 삶이 전체적으로 아름답고 풍요롭고 행복하기는 어렵다.

　아름다운 풍경과 건축물이 있는 동네나 도시, 나라는 그곳에 살고 있는 사람들까지도 모두 아름답고 여유 있게 만든다. 고대로부터 현대에 이르기까지 잘 보존된 건축물들과 아름다운 도시 경관, 끝없는 길과 철로와 역사적인 여행지들, 자연적인 공원들, 유수의 미술관과 박물관들이 있는 곳들은 개인의 재산보다 공동체의 자산을 더 소중하게 여길 것이다.

　개인의 부(富)만으로는 대규모 미술관 또는 대형 박물관이나 도시의 강과 도로와 도로들을 소유하기는 거의 불가능하다. 당신의 삶이 풍요롭고 아름답게 되기 위해서는 당신의 재산을 늘리는 일보다 당신이 속한 공동체에서 쾌적한 공원, 시민들이 쉽게 접근할 수 있는 공공 미술관 또는 박물관, 깨끗한 환경 등을 만드는 일이 더 나을지도 모른다. 공동체는 당신의 재산으로 누릴 수 없는 것을 당신에게 줄 수 있기 때문이다.

당신이 부자이든 가난하든 당신이 길을 나서는 순간 마주치는 풍경이라고는 아파트와 상가뿐이라면, 잠시 거리를 걷다 보면 미세먼지로 목이 아프고 사람들이 무언가 화난 표정을 하고 있다면, 큰 도로는 늘어선 차량으로 밀리고 작은 도로도 주차된 차량들로 가득하다면, 어쩌다 공원이 눈에 띄지만 조잡하게 꾸며져 앉거나 걷기에 불편하다면, 주말에 산을 찾았으나 사람들로 북적댄다면 당신은 마음의 여유가 사라질 것이다.

깨끗한 공기, 여유 있는 도로, 행복한 모습으로 걸어 다니는 사람들, 그곳에 있는 것만으로도 기쁨을 누릴 수 있는 공원, 도서관, 숲과 나무가 가까이 있는 곳, 누구라도 이러한 것들을 누릴 수 있고 이러한 공동체의 자산이 개인의 재산보다 소중하게 여겨지는 곳, 지금 이곳이 그런 곳이 되어 가난한 이에게도 삶의 아름다운 배경이 되기를 희망한다.

# 타인에게 안전한 자살 방법

가족들과 함께 귀가하던 한 공무원이 아파트 12층에서 투신한 20대 남성에게 충격 당해 죽는 사고가 일어났다. 늦은 퇴근길에 마중 나온 임신한 아내와 나이 어린 자녀와 함께 막 아파트 현관으로 들어서던 중이었다. 많은 사람들이 공무원인 가장의 뜻밖의 죽음을 애석해하고 만삭의 아내와 어린 자녀가 받을 고통을 깊이 동정했다.

나는 아내로부터 이 사건을 처음 듣고 미국의 유명한 카운슬러인 앤 랜더스의 칼럼에서 읽었던 글이 생각났다. 한 어머니가 앤 랜더스에게 보낸 편지였다. 그녀의 딸은 도심의 거리를 걸어가다가 빌딩 옥상에서 뛰어내린 남자에게 충격 당해 그 자리에서 즉사했다. 어머니는 딸이 뛰어난 성적으로 이제 막 대학을 졸업하고 직장을 얻어 의욕에 찬 사회 생활을 앞두고 있었으나 투신자살자가 딸의 미래를 모두 **빼앗아**버렸다고 비통해했다.

그녀는 거리를 걸어가던 죄 없는 딸이 왜 아무 관련도 없는 자살에 희생되어야 하는지 묻는다. 건물에서 투신자살하는 것은 지나가는 사람에게 총알을 쏘는 것과 같은 행위라고 말한다. 자살시도자들은 비록 자살이라는 절박한 순간에 놓여 있다고 하더라도 타인에게 보다 안전한 자살 방법을 찾아야 한다고 호소한다.

우리나라는 자살률이 매우 높다. 자살은 가족이나 가까운 사람들에게는 정신적인 외상을 남길 우려가 있지만 자살 행위에 대해 제3자가 무엇이라고 평가하기 어렵다. 그러나 자살 자체가 아니라 자살 행위가 직접적으로 타인의 생명을 위태롭게 하거나 침해한다면 그와 같은 자살행위는 비난받아 마땅하다. 그것은 치유(治癒)나 대안(代案)이 되기는커녕 타인에 대한 심각한 범죄행위이기 때문이다.

어느 중견 판사가 여러 가지 일로 우울증에 걸린 나머지 자살까지 시도하게 되었다고 고백하는 글을 본 적이 있다. 그는 자살을 앞두고 여러 가지 자살 방법에 대해 생각했다고 한다. 처음에는 판사로서 자살한 것이 드러나면 다른 판사들의 명예에 누가 될 수도 있겠다는 생각에서 사고처럼 보이는 방법을 찾았다. 차량을 이용하는 방법이 떠올랐으나 잘못되면 남에게 피해를 줄 수도 있다는 생각에서 배제했다.

집 안 욕실 벽에 붙어 있는 고리에 줄을 걸어 목을 매기도 했으나 고리가 부러지는 바람에 자살에 실패했다. 그 후 약물로 자살을 준비했으나 마지막 순간에 긴장이 풀려 잠시 잠이 들었다. 그런데 꿈에 돌아가신 어머니, 오랜 친구들이 모두 나타났다. 그는 번쩍 정신이 들어 잠에서 깼다. 그는 눈물을 흘리고 자살을 포기했다. 휴직을 한 후 마음을 수양하고 정신과 치료를 받아 마침내 우울증을 극복했다고 한다.

알바레즈의 책 『자살의 연구』에는 "자신의 죽는 방식을 되는 대로 아무렇게나 선택하는 사람은 아무도 없다. 스스로 목매달아 죽기로 결심한 사람은 결코 달리는 기차에 뛰어들지는 않는다. 그리고 그 죽는 방식이 좀 더 세련되고 고통이 없는 것일수록 그 실패율은 더욱 커진다."는 구절이 나온다.

자살하려는 사람이 남에게 피해를 주는 자살 방법을 피하고자 한다면 그는 최소한 삶의 마지막 순간에 한 가지 선한 마음을 가지는 것이다. 더구나 타인의 고통에 대한 자각하는 순간 자신의 고통에 대해서도 열린 마음을 가지게 돼 자살로부터 벗어나는 첫걸음이 될 수도 있다.

# 시간을 아쉬워하는

젊은 시절 우연히 책방에서 미켈란젤로의 생애에 관한 책을 집어 들었다가 충격을 받았던 기억이 난다. 첫 장에 "단 하루인들 나의 날이 있었던가?"라는 미켈란젤로의 탄식이 실려 있었기 때문이다.

그는 이태리 피렌체의 다비드상과 로마 시스티나 성당의 천지창조 그림을 남긴 위대한 천재가 아닌가. 뛰어난 작품을 이뤄낸 그가 왜 그의 삶에 자신의 날이 없었다고 한탄하는 걸까. 오로지 예술작품에만 몰두해서 정작 자신을 위한 시간을 가지지 못했다는 것인가. 아니면 자신의 것으로 생각했던 것들이 돌이켜보면 자신의 것이 아니거나 세월이 흐르면서 모래처럼 자신의 손에서 빠져나갔다는 말인가.

시간은 세상 누구에게나 공평하게 흐른다. 짧게 주어지거나 길게 주어지기도 하지만 누구에게나 똑같이 흐른다. 시간은 사물을 변화시킨다. 시간은 인간의 삶에 있어서 무언가 생성시키기도 하고 마모시키고 떨어져나가는 결과를 가져오기도 한다.

이런 변화는 소송에서 매우 극적인 모습으로 나타난다. 형사사건에서 구속이 되면 피고인들은 대부분 시간이 정지되는 듯한 표정을 짓는다. 과거의 시간들이 모두 자신의 시간인지 알 수 없고 미래의 시간도 자신의 시간인지 알 수 없다.

이혼소송에서는 대개 아내와 남편이 한때 사랑해서 만났고 서로에게 집중하고 시간을 함께 한 일들을 모두 부인(否認)한다. 그들의 과거가 하나같이 기억하고 싶지 않은 시간들로 변한다. 부부뿐만이 아니다. 가족이나 친·인척도 마찬가지이다. 아버지도 더 이상 아버지로 남지 않고 자녀도 더 이상 자녀로 남지 않으며 형제도 더 이상 형제로 남지 않는다.

재산도 마찬가지이다. 재산에 대한 소유는 법적으로 표상되는 개념에 불과하다. 평생 모은 재산이라고 생각했던 것들이 증여나 매매나 재산분할이나 상속이라는 법에 의해 어느 날 다른 사람의 것이 되는 경우도 적지 않다.

남매는 아버지의 땅을 공동으로 상속한다. 오빠는 수녀가 된 여동생에게 적당히 돈을 준다. 그러는 사이에 땅값이 오른다. 땅은 여전히 아버지 명의로 남아 있다. 여동생은 오빠에게 자신의 지분에 해당하는 땅값을 더 쳐달라고 요구한다. 오빠는 여동생이 원하는 대로 돈을 주어도 될 정도로 땅값이 올랐으나 이미 땅값을 주지 않았느냐며 여동생의 요구를 거절한다. 여동생은 토지 공동상속권자로서 오빠에게 공유물 분할소송을 제기하고 경매에 이른다. 그런데 제3자가 시가보다 훨씬 높은 가격으로 토지를 입찰한다. 오빠나 여동생은 모두 그 땅을 포기하고 배당을 받는다. 그런데 불과 1년도 안 돼 그 땅은 아파트 부지에 포함되면서 입찰가의 대여섯 배가 올라 수십억에 이르게 됐다.

나이 든 아버지는 사업을 통해 모은 천억 원에 이르는 재산 대부분을 사업을 돕던 아들 명의로 해두었다. 그런데 그 아들이 갑자기 사망하면서 아들 명의의 재산이 모두 젊은 며느리와 초등학생 손녀 차지가 되었다. 젊은 며느리는 시가에 발길을 끊었다. 시아버지는 며느리로부터 천억 원에 이르는 재산을 찾으려고 소송에 나섰으나 모두 허사였다.

봄도 어느 듯 지났고 초여름도 지나고 있다. 아내가 꽃잎들이 가득 떨어지는 봄철을 아쉬워한 것이 어제 같은데 말이다. 아내는 시간이 너무 빨리 지나간다고 안타까워한다. 나도 한때는 세상의 시간을 늘 아쉬워했다.

신록이 빛으로 반짝일 때도 한낮의 조용한 기운을 느낄 때도 저녁하늘을 물들이는 노을을 볼 때도 벚꽃들이 어둠 속에서 하얗게 빛날 때도 아내가 예쁜 옷을 입고 막 집을 나설 때도 아이들이 웃고 떠들 때도 흐르는 시간을 멈추고 싶었다. 하지만 언제부터인가 시간이 흐르는 것을 받아들이게 되었고 시간의 흐름에 그저 몸을 담그게 되었다.

시간이 진정으로 나의 시간이 되고 사물이 진정으로 내 것이 되는 것은 그것을 온전히 받아들이고 견딜 수 있을 때이다. 온전히 느끼고 온전히 가질 수 있는 것은 순수한 사랑과 같은 것이거나 아이들의 장난감처럼 작은 것이거나 꽃이 피고 지는 것처럼 짧은 순간뿐이다.

지나치게 크거나 많거나 화려하거나 소모적이거나 길거나 대립되는 시간이나 사물은 온전히 내 것이 될 수 없다. 영원히 또는 긴 시간 동안 내 것으로 남는 경우도 드물다. 무언가 소유하는 것에 시간을 들이고 집착하기에는 인생이 너무 아름답지 않은가.

# 다른 생각, 다른 선택

영국의 유럽연합 탈퇴 곧 브렉시트 선거 결과를 보면 사람들은 같은 문제에 의견이 거의 절반씩 나눠지는 현상이 보편적인 것처럼 보인다. 지금 미국에서 벌어지는 민주당과 공화당의 대선후보에 대한 지지도도 마찬가지다. 왜 사람들은 이렇게 반반씩 생각이 나눠질까.

딸이 지난해 말 대학 수시 구술고사를 치고 나왔을 때였다. 딸의 표정이 밝았다. 시험이 어땠느냐고 묻자 딸은 수학 제시문과 인문학 제시문에 대해 말했다. 나는 그리스 호메로스의 문학작품인 『오디세이아』의 구절이 나왔다는 인문학 제시문에 대해 딸이 『오디세이아』를 제대로 읽지도 않았을 텐데 어떻게 대답했는지 궁금했다.

『오디세이아』는 트로이 전쟁에 참가한 오디세우스가 귀향

길에 오르면서 겪은 10년간의 모험과 여정을 엮은 서사시이다. 제시문은 오디세우스가 트로이 전쟁에서 전사한 아킬레우스를 저승에서 만나 나누는 대화였다고 한다. 원문을 인용하면 다음과 같다.

오디세우스는 아킬레우스를 위로하며 "아킬레우스여, 예전에도 그대만큼 행복한 사람은 없었고 앞으로도 없을 것이오. 그대가 살아 있는 동안 우리 아르고스인들은 그대를 신(神)처럼 추앙했고 지금은 그대가 여기 사자(死者)들 사이에서 강력한 통치자이기 때문이오. 그러니 아킬레우스여, 그대는 죽었다고 해서 슬퍼하지 마시오."라고 하자 아킬레우스는 "죽음에 대해 내게 그럴싸하게 말하지 마시오. 오디세우스여, 세상을 떠난 모든 사자들을 다스리느니 나는 차라리 지상에서 머슴이 되어 농토도 없고 재산도 많지 않은 가난뱅이 밑에서 품이라도 팔고 싶소이다."라고 말했다.

질문은 '죽음에 대해(오디세우스와 아킬레우스가) 왜 이렇게 서로 생각이 다른가?'였다. 딸은 대략 '생각의 차이는 입장의 차이에서 나오며 입장의 차이는 처지 곧 각자에게 주어진 상황이 다른 데서 나온다. 오디세우스는 살아 있고 아킬레우스는 죽었으므로 오디세우스에게는 가족들에게 돌아갈 수 있는 선택이 가능하다. 하지만 아킬레우스는 돌아갈 수 없다. 이 차이로 인해 오디세우스와 아킬레우스가 죽음에 대한 태도와 생각이 다를 수밖에 없다고 생각한다.'고 답했다고 한다.

현재의 처지만이 사람의 생각을 좌우하는 것은 아니다. 경험이나 주변 사람들과의 관계나 정보와 지식도 생각에 영향을 미친다. 그러나 기본적으로 현재의 입장 차이가 생각의 차이를 가져오는 가장 큰 이유라는 딸의 설명은 어느 정도 맞는 말인 것 같다.

세상은 다른 입장, 다른 처지의 사람들로 가득 차 있다. 나라들 사이에서뿐만 아니라 하나의 나라, 하나의 사회에서도 마찬가지이다. 입장이나 처지가 다르므로 생각이 차이 나는 것은 당연하다.

생각의 차이는 필연적으로 대립과 갈등을 낳는다. 이런 생각의 차이에서 오는 대립과 갈등에 따른 혁명과 전쟁을 일으키기도 한다. 근대 국가들은 개인, 사회, 국가, 국가들 간의 대립과 갈등을 제도적으로 수용하고 조정하고 결정하는 장치들로서 사법, 노동조합, 선거 등의 제도를 만들었다. 그러나 재판이나 노동조합이나 선거가 사람들 사이의 갈등과 대립을 수용하고 조정하고 해결하기는 하나 입장이나 처지의 차이가 남아 있는 이상 갈등과 대립을 완전히 불식시킬 수는 없다.

특히 선거는 갈등과 대립을 잠재울 뿐 사라지게 하는 것은 아니다. 다수의 선택이 다수의 이익을 반영한 것에 지나지 않으면 갈등이 더해질 수도 있다. 영국민의 브렉시트 찬성도 이런 결과를 가져올 여지가 있다. 다수의 선택이 소수의 선택보다 더 현명하거나 더 미래지향적인 선택이라고 볼 수 없는 경우도 있다.

어떤 결정에 다른 선택과 다른 생각이 존재한다면 다수의 결정을 소수에게 무조건 강요해서는 안 된다. 다수와 소수가 함께 공존하기 위해 소수의 선택에 대해서도 조정하고 배려하는 것이 필요하다. 선거 결과 다수의 선택이 받아들여지더라도 소수의 선택을 완전히 배제하거나 무시해서는 안 되는 이유이다.

# 감사의 말과 더불어

먼저 내 원고를 채택하여 책으로 만들어 세상에 내놓으신 도서출판 행복에너지 권선복 대표께 감사드리지 않을 수 없다. 책을 내려다가 스스로 출판사까지 차린 열정이 넘치는 분이다. 편집을 맡으신 김정웅 과장께도 감사의 말을 전한다. 이 책에 따뜻하고도 소중한 느낌을 불어넣어 주었다. 나에게 애정과 가정(家庭)이라는 삶의 튼튼한 울타리를 일깨워 준 아름다운 아내 지영에게 사랑과 감사의 마음을 바친다. 네 자녀인 혜정, 정원, 지원, 순원은 나와 아내의 행복의 근원이다. 아버지로서 언제나 사랑한다. 내 생각의 샘과 같은 내가 알고 있는 모든 이들에게 감사의 마음을 드린다. 기꺼이 이 책의 독자들에게도 사랑한다는 말을 전하고 싶다.

이 책을 마무리할 무렵 이 나라에는 비선실세의 국정농단 이라는 어이없는 일이 드러났다. 전모는 알 수 없지만 이런 사태를 스스로 불러온 대통령이 과연 정상적인 사고를 하는 사람인가 하는 의문을 지울 수 없다. 해맑은 얼굴 뒤에 감정 과 영혼이 텅 비어 있는 것 같은 느낌마저 받는다. 그녀가 대 통령이 되기까지 박사모, 친박, 보수언론들의 절대적인 지지 가 있었다. 그들은 이 나라를 장기집권한 독재자의 상속 지 분(持分)이 아직 유효하게 남아 있음을 꿰뚫어보고 밀어붙여 마침내 딸을 대통령으로 만들었다.

문제는 그 이후부터이다. 친박, 진박들은 그녀를 보호하 고 지켜야 한다며 아예 문을 잠그도록 했고 내부 사람들조차 조금이라도 이견을 보이면 매도하고 분노하며 핍박했다. 권 력의 허상에 빠져 그녀가 구중궁궐인 청와대에서 저녁이 있 는 삶을 누리는 동안 측근들은 돈과 이권을 챙기느라 겨를이 없었다. 서민들이 내일에 대한 희망을 품고 정직하게 노동을 팔아 생계를 꾸려 나갈 때 그들은 어둠 속에서 자기들끼리 관직을 나눠가지고 국고를 빼내고 기업들로부터 거액을 갈 취했다. 왕조시대의 무능한 혼군(昏君)과 영악한 간신(奸臣) 들이 나라를 어지럽힌 것과도 같은 일들이 모든 권력은 국민으로부터 나온다는 헌법 규정을 가진 이 나라에서 버젓이 벌어졌다. 다행히 용기 있는 언론에 의해 실상이 조금씩 드러나기 시작했다. 우리는 제대로 지켜보아야 한다. 권력의 허상을 무너뜨려 이 나라의 참된 민주주의를 지키는 일에 함께 발을 내디뎌야 한다.

나는 내 주변과 세상에 관한 이야기를 썼다. 내 생각의 원천은 무엇보다 내 주변 사람들과 내가 속한 직업 공동체와 이 지역과 이 나라, 이 세상에 속한 사람들이다. 사람이 사람과 함께하지 않는다면 삶이 무슨 의미가 있을까. 내《생각의 중심》은 바로 여기에 있다. 우리는 삶의 대부분의 시간들을 세상과 함께 보내고 느끼고 아파하고 기뻐하며 살아가고 있다. 누군가 또는 사람들과 함께 생각하고 함께 경험하고 함께 이뤄나가는 삶. 밤하늘에 별들이 함께 빛날 때 더 아름다운 것처럼 함께하는 그 삶이 가장 빛나는 삶이 아닐까.

2016년 늦가을

윤 정 대

# 안전한 일터가 행복한 세상을 만든다

**허남석 지음 | 값 15,000원**

책 『안전한 일터가 행복한 세상을 만든다』는 '안전리더십(Felt Leadership)'을 통해 일터에서 벌어지는 안전사고를 예방하고, 나아가 '긍정, 감사'를 통해 기업을 지속적으로 성장시키는 방안을 상세히 소개한다. 평생 산업현장 일선에서 발로 뛰어 온 저자는 안전리더십 분야의 최고 전문가로서, 이 책에 자신의 모든 현장경험과 리더십 노하우 그리고 연구 성과를 담아내었다.

# 다시 기대하는 이들에게

**김한수 지음 | 값 15,000원**

『다시 기대하는 이들에게』는 지금, 이 순간 우리에게 가장 필요한 변화를 위해 '기대'의 강력한 힘을 우리들에게 제시한다. 저자는 다양한 경험을 통해 현재 어떠한 상황에 처해 있든지 개인이 이끌어낼 수 있는 최고의 결과는 '기대'에서 나온다고 힘주어 이야기한다.

# 되어가는 이들에게

**김한수 지음 | 값 15,000원**

저자의 숱한 경험과 지식, 역사 속 인물, 현대의 위인과 어록, 영화와 음악과 관련된 에피소드 등을 바탕으로 26가지 주제를 정해 그 속에 되어가는 존재들에게 필요한 본보기를 제시하였다. 이를 통해 각자가 지닌 목표를 어떻게 달성해 나갈 것이며, 삶을 아름답고 풍요롭게 살기 위해 무엇을 중요시해야 하는가에 대한 공감과 해답을 찾기 위한 지침서가 되어주고 있다.

# 맛있는 삶의 레시피

**이경서 지음 | 값 15,000원**

1년 만에 새로이 출간되는 책 『맛있는 삶의 레시피』 - 개정판은, 행복한 삶을 위한 노하우를 에세이 형식의 글에 담아 내놓는다. 어떤 공식에 의거하거나 명쾌하게 떨어지는 답은 아니지만 책을 다 읽은 순간, 암담한 현실을 이겨내게 하는 용기와 행복한 미래를 성취하게 하는 지혜를 독자에게 전한다.

## 사장이 붙잡는 김팀장
### 홍석환 지음 | 값 15,000원

책 『사장이 붙잡는 김팀장』은 팀장이 해야 할 7가지의 역할을 통해 존경받는 리더로 우뚝 서야 함을 강조하고 있다. 기업의 성장을 실질적으로 이끄는, 중간 관리자인 팀장이 '어떤 마음가짐을 가져야 하는가? 어떻게 방향을 잡고 조직과 사람을 이끌어야 하는가? 어떻게 실행해야 하는가? 어떻게 자기관리를 해야 하는가?'에 대해 지금까지 필자의 경험을 중심으로 제시하고 있다.

## 사람은 다 다르고 다 똑같다
### 민의식 지음 | 값 15,000원

책 『사람은 다 다르고 다 똑같다』는 '소통'을 통해 자신의 행복한 삶을 도모함은 물론 그 주변, 나아가 세상의 행복을 이끄는 방안을 다양한 사례를 통해 제시한다. 다양성과 다름을 인정하고 이를 조화시키고 통합함으로써 가정과 학교, 직장, 사회 그리고 국가 내에서 소통을 도모하는 방안을 역사적, 인문학적 관점으로 풀어나간다.

## 꽃할배 정우씨!
### 김정진 지음 | 값 15,000원

책 『꽃할배 정우씨』는 위의 질문에 대한 멋진 답변이 담겨 있다. 노숙자로 전락했던 한 노인이 나이를 무색하게 하는 열정을 통해 현역으로 복귀하는 과정을 생생히 담고 있다. 그 열정이 자신의 삶은 물론이요, 그 주변과 세상을 행복하게 물들이는 장면들은 온기를 넘어 작은 깨달음마저 독자의 마음에 불어넣는다.

## 시가 있는 아침
### 이채 외 33인 지음 | 값 15,000원

책 『시가 있는 아침』은 어렵사리 가슴에 담은 믿음 하나로 나름의 구심점과 보람을 찾으려는 다양한 분야의 사람들이 모여, 이를 작품으로 체화한 시 모음집이다. 비록 전문 작가는 아니지만, 정성 들여 써 내려간 작품들을 조심스레 독자들에게 건네고 있다.